超ビジュアル

日本&世界の未来年表

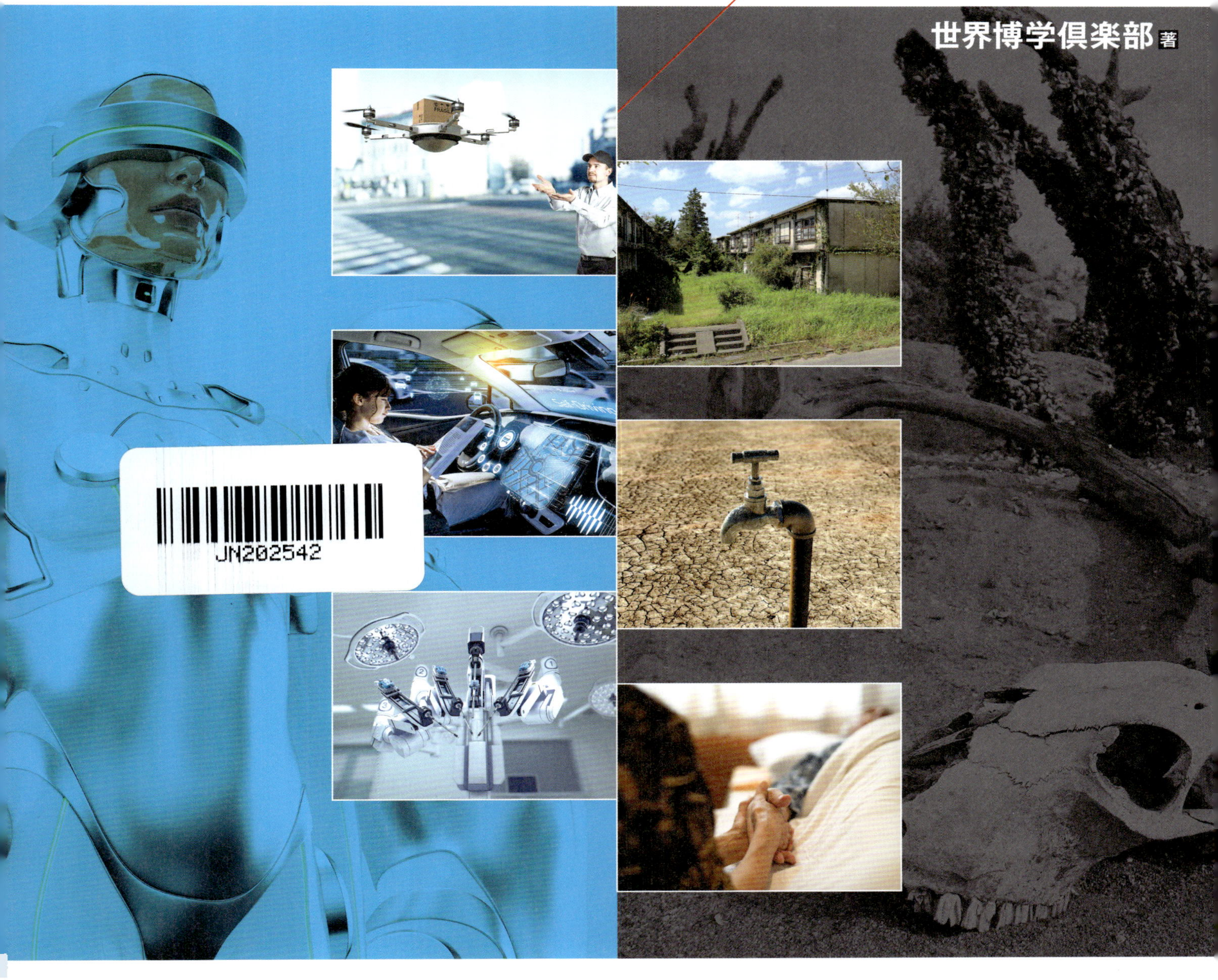

世界博学倶楽部 著

PHP研究所

はじめに

20年前、2000年（ミレニアム）を目前にしていた頃のことを思い出してみてほしい。その当時、現在の世界のありようを、どれくらいの人が予見できただろうか。

国際社会ではアメリカの力が弱まり、中国が大躍進。経済面では少子高齢化の進む日本が苦戦する一方で、中国をはじめとした新興国が台頭する。科学技術の分野ではIT化が進み、スマートフォン1つあれば何でもできる。ホテルを予約するのも、タクシーをつかまえるのもインターネット経由で一発。ビデオテープやCDは〝化石〟となり、情報コンテンツはすべてデジタルに移行する――。

今ではどれも当たり前のことだが、20年前の人にとっては信じがたいことばかりだろう。この20年間で、世界は大きく変わった。ところがこの先は、あらゆる事象がさらなるスピードで変化していくことになるのだ。

たとえば経済に目をやると、世界経済は欧米中心からアジア中心へとシフトチェンジするといわれている。中国に加えてインドが大きく成長し、2050年には3大経済大国のうち2強をアジアが占めるようになるのだ（1位中国、2位アメリカ、3位インド）。

テクノロジーの進化もすさまじい。2035年には世界の新車の4分の1が完全自動運転車になり。運転手いらずになる。ハンドルもウィンカーも、そもそも運転席さえない自動車が街を走り回る。信号機がなくても事故は起こらないし、目的地まで迷うことなく到達できる。空飛ぶ車や超音速旅客機も登場し、移動が苦でなくなる。

医療はどうか。がんは不治の病《やまい》から治る病に変わる。悪くなった臓器は人工の臓器と交換すればいい。遺伝子操作をすればどんな子どもをつくるかも思いのままだし、不老不死でさえ夢物語でなくなるのだ。

もちろん、未来は必ずしも明るいとは限らない。日本では人口減少が進み、経済状況はどんどん悪化。先進国からの転落はまぬがれない。温暖化やミニ氷河期によって地球環境が悪化したり、資源や水、食糧をめぐる争いが頻発することも予想される。

10年後、20年、30年後、50年後、100年後、世界と日本はどう変わるのか。本書は社会、経済・ビジネス、科学・医療技術、日常生活、地球環境といった分野において、日本と世界の未来を年表とともに紹介している。

いつ頃、どんな事象が起こるのかを知っておけば、将来への備えができるし、今を生きるヒントにもなるだろう。光り輝く未来か、絶望的な未来かはともかく、未来は必ずやってくる。本書がこれから先を生きるための指針の1つになれば幸いである。

世界博学倶楽部

日本&世界の未来年表 CONTENTS

はじめに ―― 2

Chapter 1

社会はこう変わる！

【人口変化】2100年、日本は現在の半分以下の人口に!? 一方、世界人口は112億人に到達！ ―― 12

【高齢化】2060年、日本は現役世代1人で高齢者1人を支える！ その頃、世界でも5人に1人が高齢者に!? ―― 14

【AI・ロボット】日本では、20年以内に労働人口の49％が機械に代わる！ その頃、アメリカでも現在ある仕事の半分が消滅!? ―― 16

【宗教】日本では、2040年までに寺院の40％が消滅!? 一方、世界では2100年にイスラム教が最大勢力になる ―― 18

【女性の社会進出】世界で、女性の社会進出がさらに加速！ 2030年、日本にも初の女性首相が誕生!? ―― 20

●COLUMN 明治時代の100年後予測① ―― 22

Chapter 2

経済・ビジネスはこう変わる！

【経済成長】2050年、世界経済のトップは中国、インドに！ その頃、日本のGDPが世界8位まで下落 ―― 28

【国家財政】ギリシャ、ベネズエラ、韓国は今後、財務破綻の危機に直面!? 一方、2040年、日本の債務残高が4000兆円に！ ―― 30

【移民】２０５８年、日本で**10人に1人が移民**になる!?
一方、アメリカでは十数年後にメキシコとの**国境に壁が出現!?** 32

【物流・輸送】世界では、数年以内に**デリバリーロボット**が実現!
一方、日本でも２０２０年代に**ドローンによる配送サービス**が登場! 34

【エネルギー資源】２０２０年代、日本は**資源大国**に変身!
一方、世界では50年後に**石油が枯渇** 36

【食糧】２０５０年、世界の**食糧需要が現在の１・６倍**に!
食糧自給率38%のままだと日本も**食糧争奪戦で危機的状況**に!? 38

【水】水ビジネスが２０２５年には、**１００兆円規模**に!
２０５０年には、**世界の40%が水ストレス**に陥る 40

【通貨】「仮想通貨」「電子マネー」いよいよ**キャッシュレス社会**の到来!
日本でも２０２５年をメドに**一万円札が廃止**される!? 42

●COLUMN 明治時代の１００年後予測② 44

Chapter 3 科学・医療技術はこう変わる!

【宇宙開発】**「テラフォーミング」「宇宙エレベーター」**宇宙開発が活発化!
日本も２０３０年に**宇宙飛行士による月面探査**を実現!? 50

【軍事活動】最先端技術を駆使し、**戦場からヒトが消える!?**
防衛費の拡大で、日本でも次世代兵器の導入が進む 52

Chapter 4 日々の暮らしはこう変わる!

【健康・長寿】いずれ不老不死に近づく!? 2030年時点で、日本人女性の平均寿命は88・41歳 —— 54

【がん治療】2050年、80歳以下のがん死亡者数がゼロになる!? 「線虫を使う」「ナノマシン」2020年頃から、日本で新たな治療法が実現 —— 56

【再生医療】2050年、臓器を丸ごとつくれる時代が到来!? 今後日本が研究をリードし、実用化が進む —— 58

【妊娠・出産】現在、日本で認められているのは条件付きの基礎研究のみ! 2025年、ついにデザイナー・ベビーの技術が完成!? —— 60

【サイボーグ】2030年、脳をクラウドに接続できるようになる!? 日本でも進む義体化の技術研究 —— 62

●COLUMN マンガが予見していた未来の世界 —— 64

【住宅】海外では、3Dプリンターで家を建てられる!? 一方、日本では2030年、料理や掃除はロボットにお任せ! —— 70

【交通】2035年、新車の1/4が完全自動運転車に! 一方、日本では2045年、リニア新幹線で東京~大阪が67分で結ばれる —— 72

【恋愛】2070年、AIロボットとのセックスが世界の常識になる!? 日本でも、バーチャル恋愛により、リアルの恋愛離れが進む! —— 74

Chapter 5 地球環境はこう変わる！

【旅行】

2030年、**宇宙旅行**が大衆化！

さらに海外旅行は、**手続き、移動時間が短く**なり、ストレスゼロに —— 76

【メディア】

AIが**小説の執筆や音楽の作詞・作曲**でヒットを生み出すようになる！

映画では、**中国やインド**が台頭 —— 78

●COLUMN ノストラダムスの予言には〝その後〟があった!? —— 80

【地球温暖化】

2100年、**日本は熱帯化**し、台風やマラリアなどのリスクが高まる！

一方、世界でも2050年までに**北極圏の海氷が消滅!?** —— 86

【自然災害】

世界が終わる!? いつ起きてもおかしくない**イエローストーン**の噴火！

今後30年、70%の確率で発生する日本の**南海トラフ地震** —— 88

【ミニ氷河期】
2030年、世界は**ミニ氷河期**に突入し、
飢饉やパンデミックの危機!? 東京も**氷に閉ざされる！** —— 90

【大量絶滅】

地球上**6度目の大量絶滅が進行中！**

日本でも、天然の**ニホンウナギが消える!?** —— 92

おわりに —— 94

主な参考文献 —— 95

※本書の年表は客観的なデータや資料に基づいて作成していますが、あくまで予想です。その時代に事柄が起こることを示したものではありません。

Chapter 1

社会はこう変わる！

2020

2020

- 日本のロボット市場が3兆円まで拡大
- アメリカの高齢者が5050万人になる（2010年は4000万人）
- アメリカ大統領選に女性候補が勝利し、同国初の女性大統領が誕生する
- 日本の上場企業の役員のうち、30％が女性に（2016年は3・4％）

2024

- インドの人口が中国を逆転し、世界一の人口大国になる

2030

2030

- AI（人工知能）やロボットの導入により、日本のGDP（国内総生産）が50兆円増え、500万人の雇用が生まれる
- 世界人口が86億人になる
- アメリカの高齢者が7150万人になる
- 韓国の高齢者が1000万人を突破し、4人に1人が高齢者になる
- 日本初の女性首相が誕生する

2033

- アメリカで47％（2013年比）の仕事をAIやロボットが代替するようになる
- イギリスで35％（2013年比）の仕事をAIやロボットが代替するようになる

2035

- 日本の労働人口の49％がAIやロボットで代替可能になる
- 日本のロボット市場が10兆円まで拡大
- 日本の高齢化率が33・4％に上昇（2015年は26・7％）

2040

2040

- 現在ある仕事の8割くらいがなくなる
- 日本の寺院の40%がなくなる

2045

- AIがシンギュラリティ（技術的特異点）を迎え、人間の能力を超える

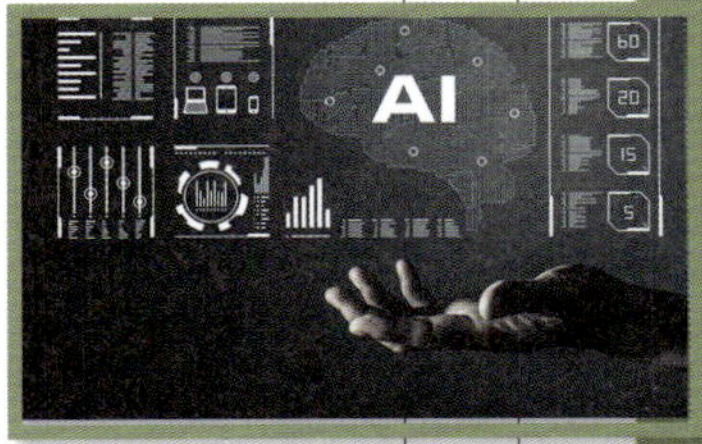

2050

2050

- 世界人口が98億人になる
- アフリカの人口が25億人になる
- 日本の人口が1億人を割り込む
- アメリカで白人が少数派になる
- ヨーロッパのイスラム教徒の割合が11・2%（現在の2倍）にまで増加
- イタリアの高齢化率が35・1%に上昇
- イスラム教徒が27億6000万人に達する（2010年は16億人）
- インドのイスラム教徒がインドネシアを抜いて世界最多になる
- アメリカのイスラム教徒が全人口の2・1%に上昇（2016年は1%）
- キリスト教徒が29億2000万人に達する（2010年は21億7000万人）

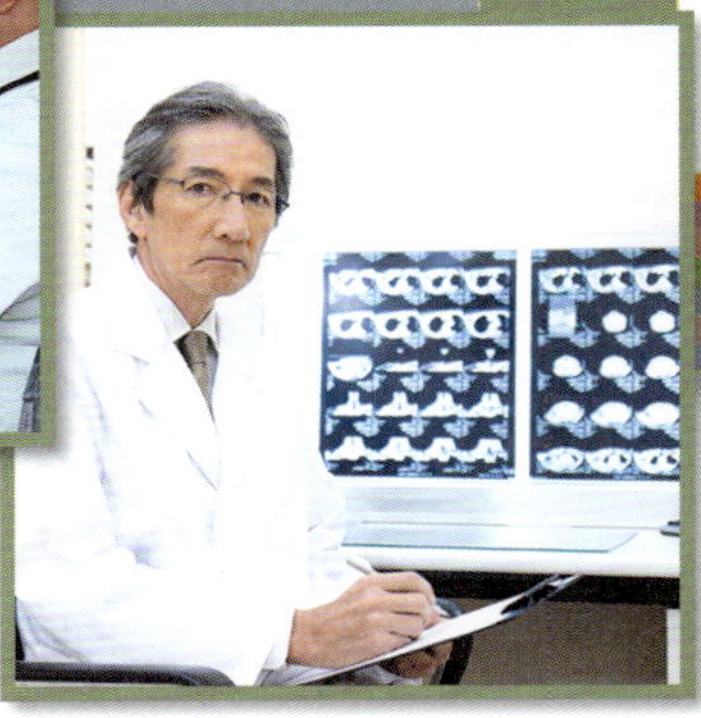

2060

2060

世界の高齢化率が18・1%に上昇（2015年は8・3%）

日本の高齢化率が39・9%に上昇。
現役世代1人で高齢者1人を支えることになる

韓国の高齢化率が37・1%に上昇（2015年は13・1%）

中国の高齢化率が32・9%に上昇（2015年は9・6%）

シンガポールの高齢化率が36・3%に上昇（2015年は11・7%）

ドイツの高齢化率が33・1%に上昇

2070

2070

イスラム教徒と
キリスト教徒の割合が
32・3%ずつで同じになる

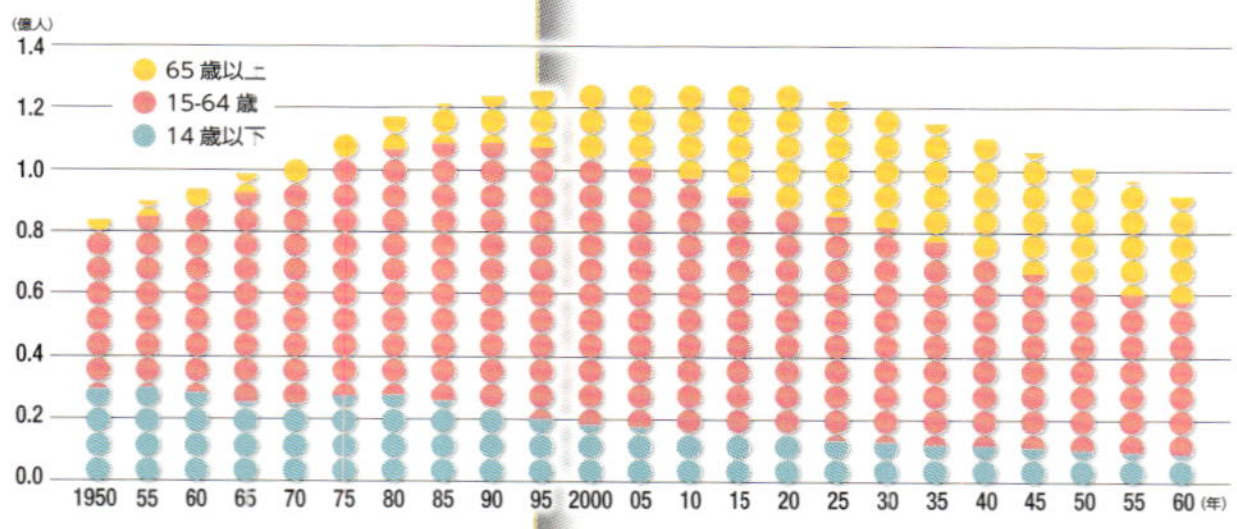

(億人)
1.4
1.2
1.0
0.8
0.6
0.4
0.2
0.0
65歳以上
15-64歳
14歳以下
1950 55 60 65 70 75 80 85 90 95 2000 05 10 15 20 25 30 35 40 45 50 55 60 (年)

2100

2100

- 世界人口が112億人になる
- インドの人口が15億1700万人に達する
- 中国の人口が10億2100万人にまで減る
- アフリカの人口が44億人になる
- 日本の人口が4700万人にまで減る
- イスラム教徒の人口が35%に達し、キリスト教徒を抜いて世界最大の宗教勢力になる

3000

3000

- 日本の人口が2000人にまで減る

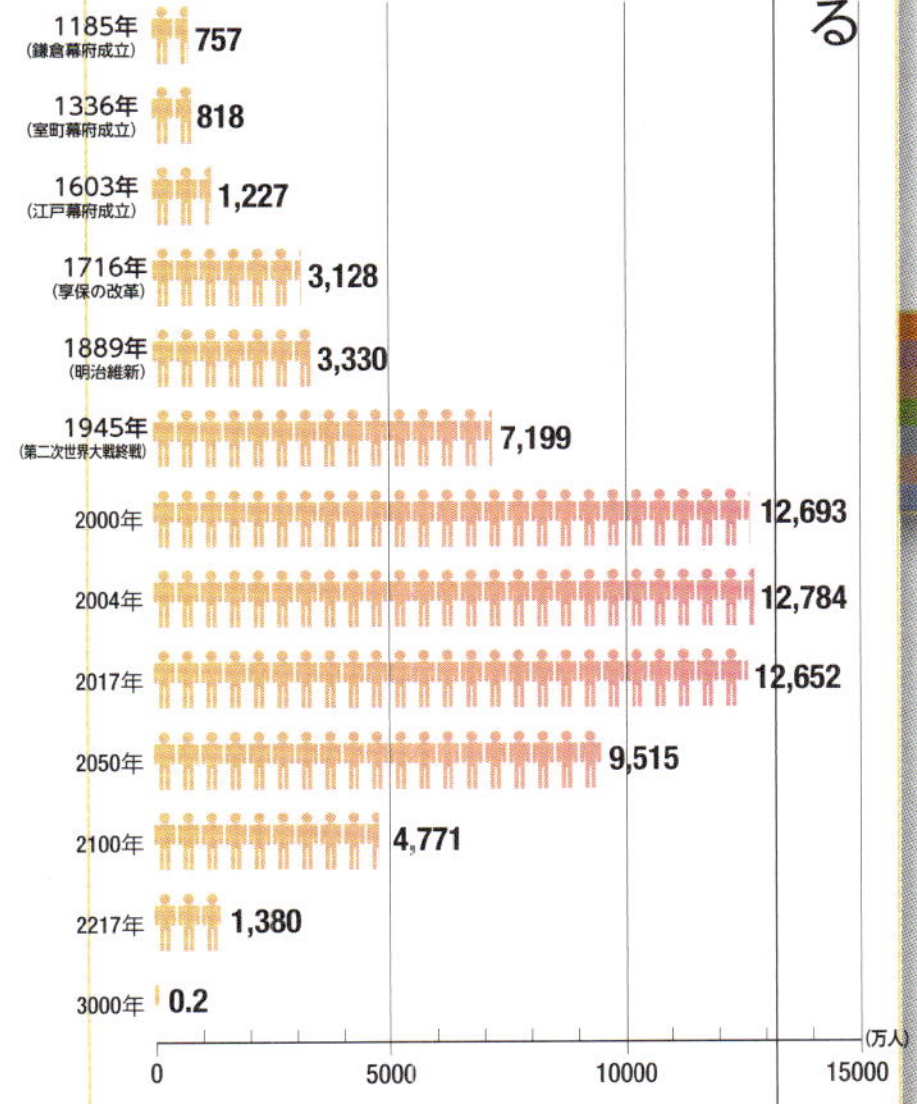
1185年
(鎌倉幕府成立)
757
1336年
(室町幕府成立)
818
1603年
(江戸幕府成立)
1,227
1716年
(享保の改革)
3,128
1889年
(明治維新)
3,330
1945年
(第二次世界大戦終戦)
7,199
2000年
12,693
2004年
12,784
2017年
12,652
2050年
9,515
2100年
4,771
2217年
1,380
3000年
0.2
0
5000
10000
15000
(万人)

2100年、日本は現在の半分以下の人口に!?
一方、世界人口は112億人に到達！

2100年の世界人口は112億人！

出典：国連

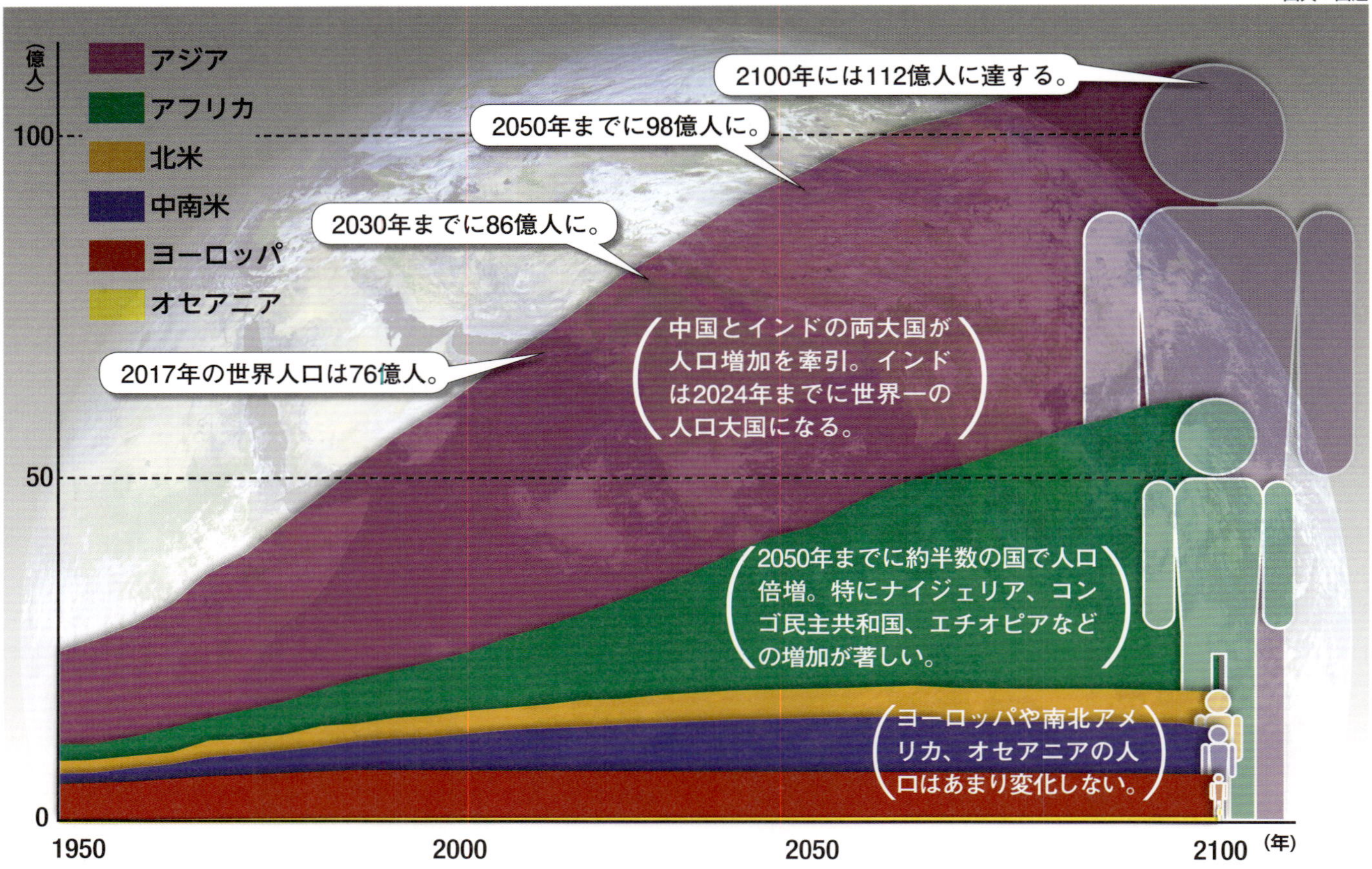
（億人）
100
50
0
1950
2000
2050
2100
（年）
アジア
アフリカ
北米
中南米
ヨーロッパ
オセアニア
2100年には112億人に達する。
2050年までに98億人に。
2030年までに86億人に。
2017年の世界人口は76億人。
中国とインドの両大国が人口増加を牽引。インドは2024年までに世界一の人口大国になる。
2050年までに約半数の国で人口倍増。特にナイジェリア、コンゴ民主共和国、エチオピアなどの増加が著しい。
ヨーロッパや南北アメリカ、オセアニアの人口はあまり変化しない。

80年後の世界人口は100億人を突破する！

現在の世界人口は76億人。これが80年後には100億人を超えるとみられている。

西暦0年は推定1億人で、そこから緩やかな増加が続き、1800年代初頭にようやく10億人に達した。しかし、1900年代に入ると人口爆発が起こり、右肩上がりに増加。国連によると、2030年までに86億人、2050年には98億人、**2100年には112億人に達する**というのだ。

人口増加の要因は、出生率の増加とともに寿命の延びにもあるといわれている。近代以降、先進国はもちろん開発途上国でも医療が進歩したり公衆衛生がよくなったりした。その結果、世界的に寿命が延びて人口が増えている。

世界の約40%がアフリカ人になる日

人口増加が激しいのはアフリカで、2050年に25億人、2100年に44億人になる。

つまり、2100年の**世界人口の40%近くがアフリカ人**という計算だ。経済的に苦しい家庭は子どもを生み、労働力を増やすことで家計をラクにしようとする。それが人口増加につながっている。

国別にみると、**ナイジェリアの増加が目覚ましい。**同国の人口は2050年までにアメリカを追い越し、現在の世界7位から3位に上昇する。

COLUMN

アメリカでは2050年に白人が少数派に

現在、アメリカ国民の多数派はヨーロッパなどにルーツをもつ白人である。しかし近年は、中南米をルーツとするヒスパニック系住民の人口が急増中。白人の人口減少の影響もあり、やがて有色人種が多数派に、白人は少数派になると予想されている。

2013年

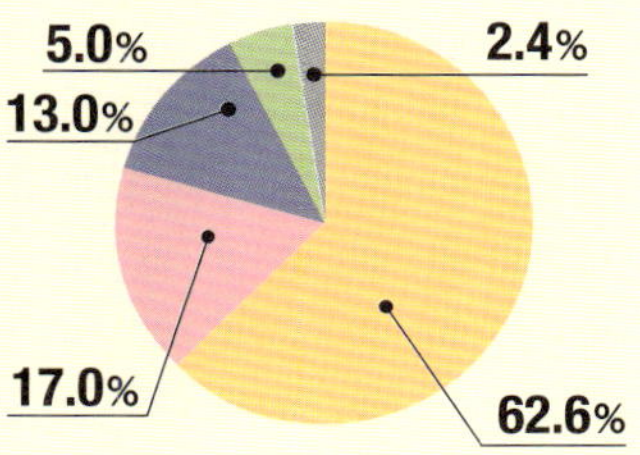
5.0%
2.4%
13.0%
17.0%
62.6%

2050年

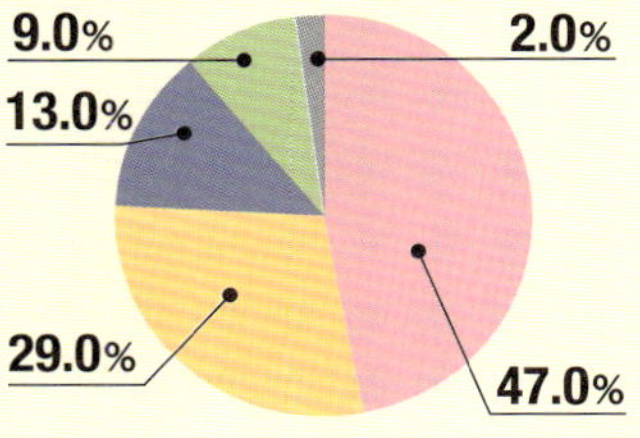
9.0%
2.0%
13.0%
29.0%
47.0%

白人　ヒスパニック　黒人
アジア人　その他

出典：アメリカ国勢調査など

人口減少の結果、日本で起こること

2020年　女性の２人に１人が50歳以上になる

2026年　認知症の高齢者が700万人を突破

2027年　輸血用の血液が足りなくなる

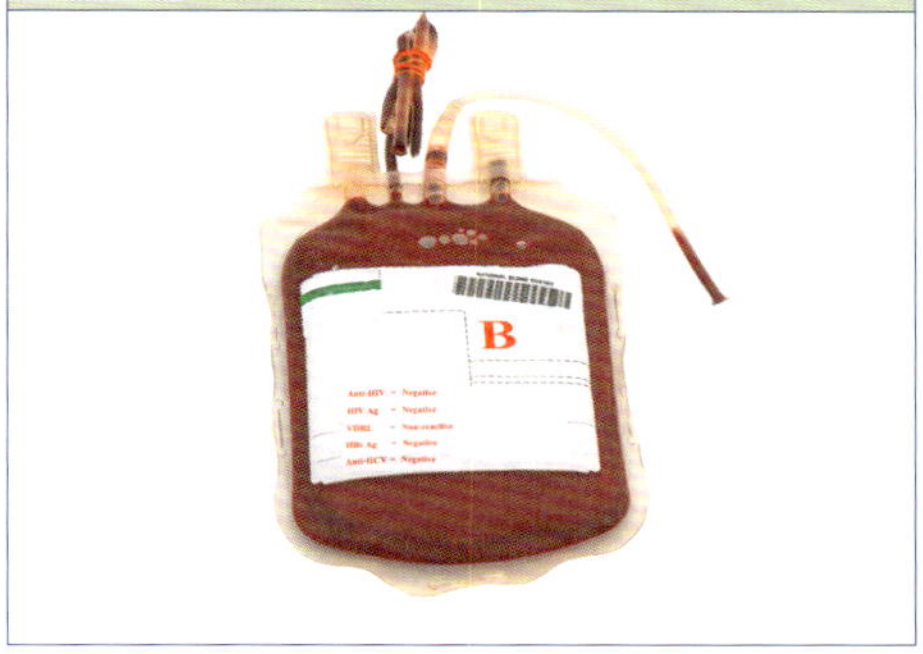

2036年　男性の３分の１、女性の５分の１が非婚に

2039年　死亡者数が増え、火葬場不足が生じる

2040年　全国の自治体の半分が消える

2024年、インドの人口が中国を逆転！

アジアの人口増加も顕著だ。特にインド。現在の世界人口ランキングでは1位が14億人の中国、2位が13億人のインドだが、2024年までに順位が逆転し、インドが首位に躍り出ると予想されている。

その後、インドは人口を増やす一方、中国は減らしていく。そのため両国の差は次第に開いていき、**2100年にはインドが15億1700万人、中国は10億2100万人になる。**中国は15年に一人っ子政策を撤廃したものの、36年続いた人口抑制策の影響で少子化が続くとみられている。

80年経つと日本人が半分になってしまう!?

人口増加は世界的な流れだが、日本の人口は激減すると予測されている。

現在の日本の人口は1億2700万人で、世界11位の人口大国である。しかし2011年、大正時代の調査開始以来はじめて人口が減少に転じ、それから6年連続で減り続けている。晩婚化や晩産化、非婚者の増加などで少子化が進んでいることが、人口減少の主要因とされる。

日本の人口減少は今後も進む。**2050年には1億人を割り込み**、2100年には4700万人まで落ち込む。今後80年間で、なんと50％以上減ってしまうことになるのだ。

2060年、日本は現役世代1人で高齢者1人を支える！その頃、世界でも5人に1人が高齢者に!?

2050年における世界の高齢化率

出典：WTO

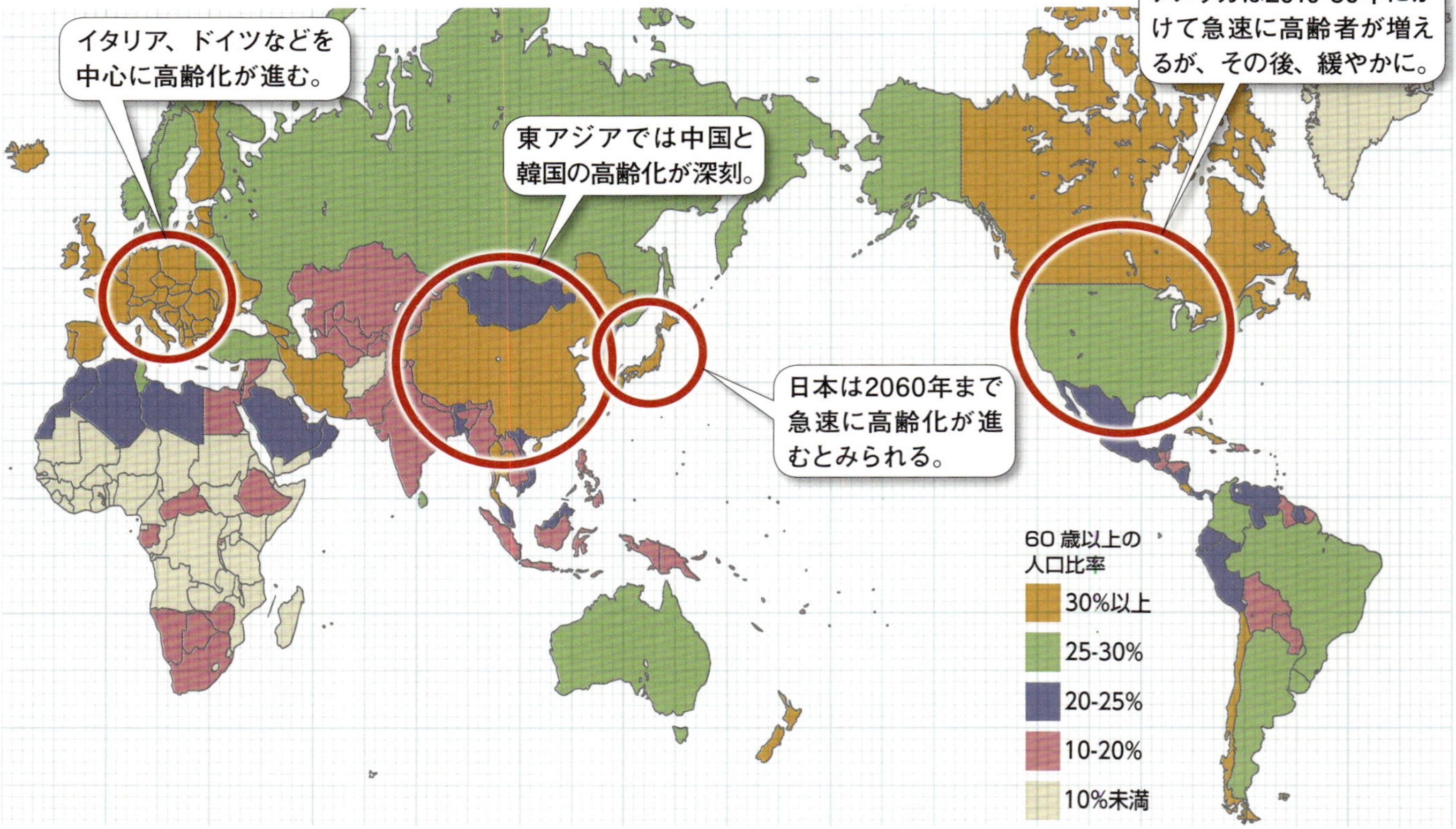
イタリア、ドイツなどを中心に高齢化が進む。
東アジアでは中国と韓国の高齢化が深刻。
アメリカは2010-30年にかけて急速に高齢者が増えるが、その後、緩やかに。
日本は2060年まで急速に高齢化が進むとみられる。
60歳以上の人口比率
30%以上
25-30%
20-25%
10-20%
10%未満

2060年の世界は5人に1人が高齢者という現実

世界中で高齢化が進んでいる。２０１５年の世界の高齢化率（総人口に占める65歳以上の割合）は8・3％。１９５０年の高齢化率は5・1％だから、**過去65年間で3・2％上昇したことになる。**

これが今後どうなるかというと、60年にはなんと18・1％にまで上昇すると予想されている。世界の5人に1人が高齢者という計算だ。信じがたいスピードで高齢化が進展しているのである。

若者1人で高齢者1人を支える日本

日本は高齢化率が世界で最も高い。20世紀中は10％台を維持していたが、２００５年に20・2％を記録し、世界一の高齢先進国になった。15年も26・7％でトップに君臨しており、今後も**35年に33・4％、60年には39・9％と、どんどん高齢化が進んでいく**とみられている。

このままのペースで高齢化が進むと、若い人々の負担が尋常ではなくなる。１９５０年には現役世代約12人で高齢者1人を支えていたが、２０６０年には現役世代1人で高齢者1人を支えなければならなくなるのだ。

労働力も下がるから経済成長できず、日本社会は高齢者ばかりの〝終わった国〟になってしまう。少子化とともに、一刻も早い対策が望まれる。

日本の高齢人口はまだまだ増え続ける

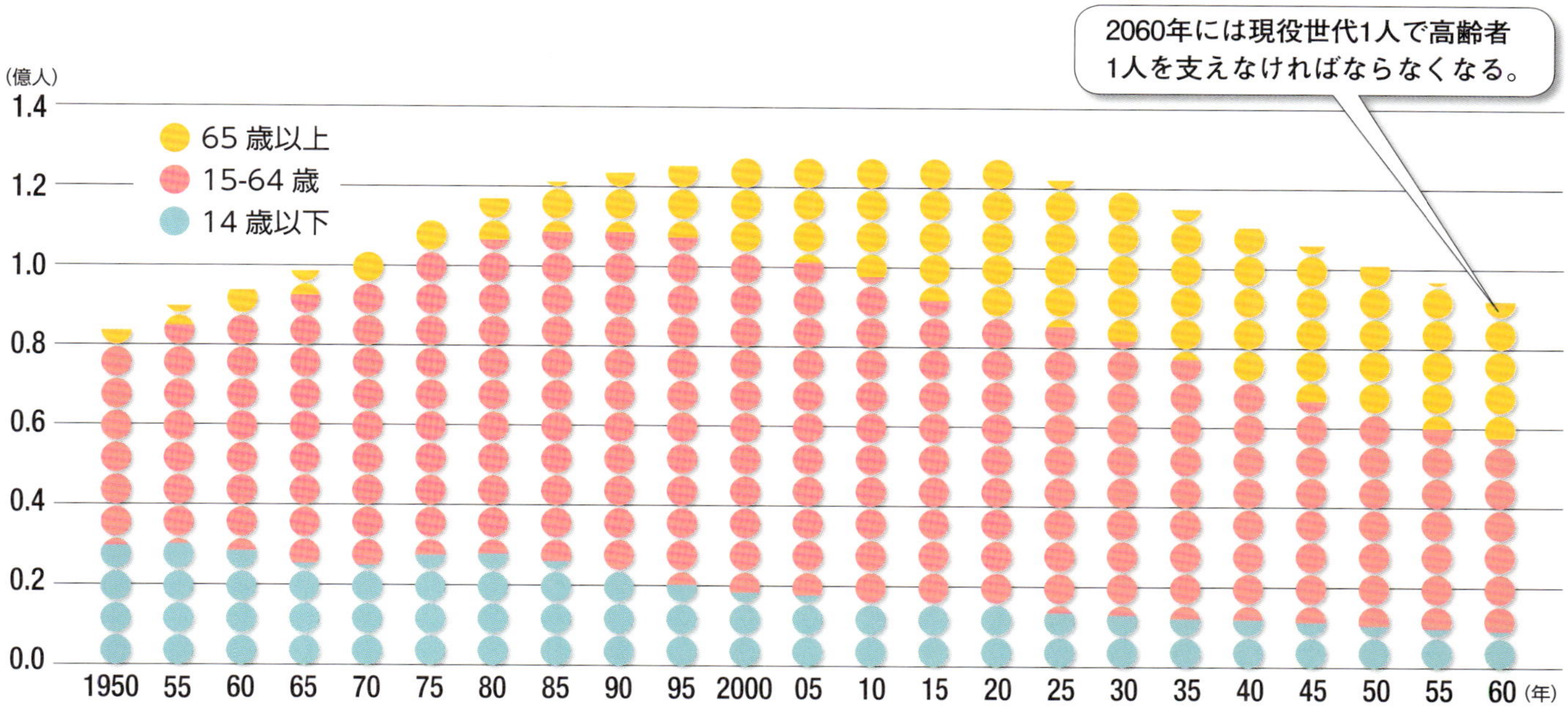
2060年には現役世代1人で高齢者1人を支えなければならなくなる。
(億人)
1.4
1.2
1.0
0.8
0.6
0.4
0.2
0.0
65歳以上
15-64歳
14歳以下
1950 55 60 65 70 75 80 85 90 95 2000 05 10 15 20 25 30 35 40 45 50 55 60 (年)

2020年以降の数値は推定
出典：総務省

高齢化社会になると何が困る？

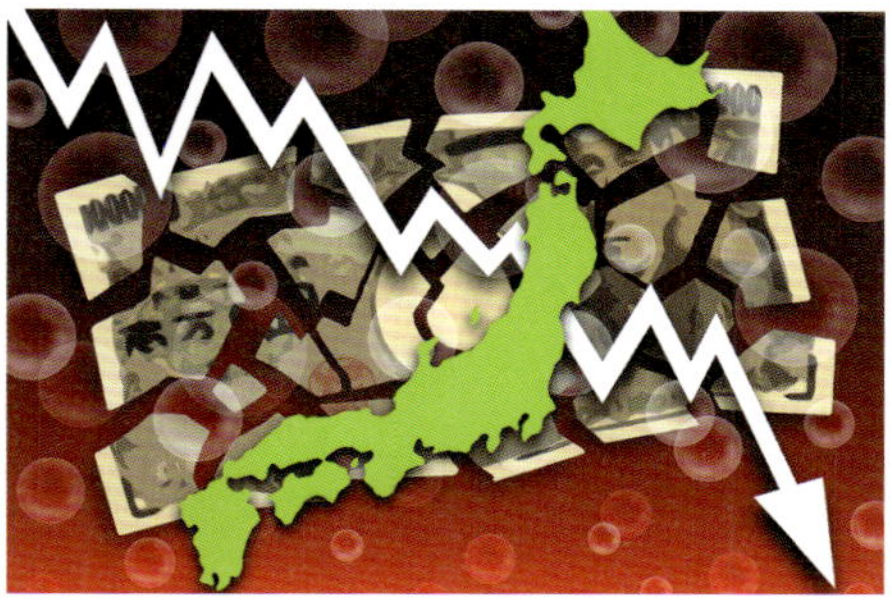
社会全体に活気がなくなり、経済成長が阻害され、貧しくなっていく。

高齢者に対する介護の負担が増大し、心身ともに疲弊する。

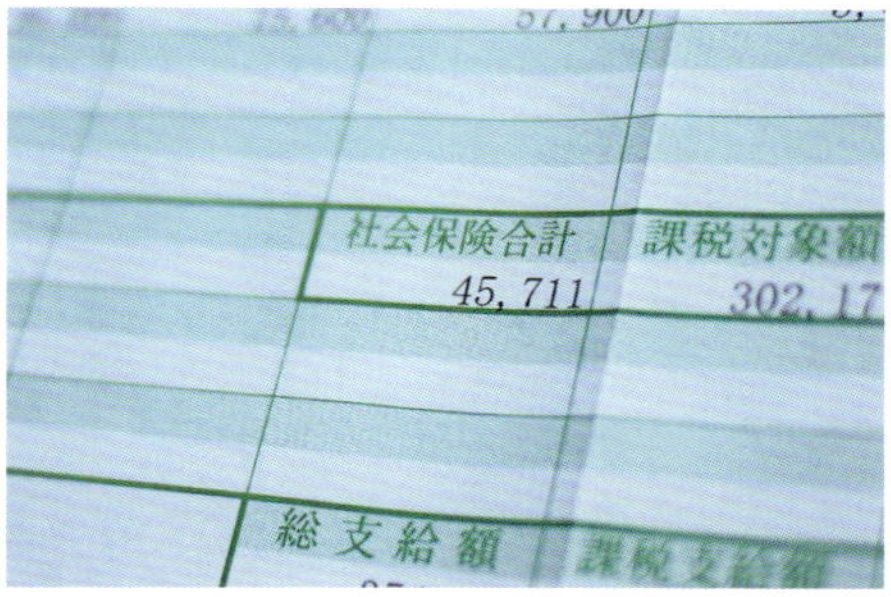
社会保険合計
課税対象額
45,711
総支給額
高齢者を支えている現役世代の社会保障費が増える。

日本以上のスピードで進む韓国の高齢化

日本と同様に、アジア諸国でも高齢化が進んでいる。中国は2015年の高齢化率が9・6%と低い水準にあるが、これから一気に加速し、60年には32・9%になると予想されている。シンガポールも11・7%から36・3%に急上昇する見込みだ。

それ以上に**深刻なのが韓国**である。15年は13・1%だが、60年には37・1%になると推測されている。これは日本以上に急速な高齢化だ。

韓国では年金制度の整備が遅れており、**高齢者の約6割が年金をもらえていない。**30年には4人に1人が高齢者になるが、その頃に蓄えのない高齢者はどうなるのか。先行きが懸念される。

欧米でも高齢化が深刻に

欧米の先進国も高齢化に悩まされている。アメリカは2010年以降、ベビーブームの世代が65歳以上になり、高齢化社会に向かい始めた。30年までは急速な高齢化が続く。

ヨーロッパでは**イタリアとドイツの高齢化が目立つ。**スピードは日本より遅いが、イタリアは15年に22・4%、50年には35・1%まで上昇する。ドイツも15年に21・2%と高く、60年には33・1%になると予想されている。

日本では、20年以内に労働人口の49%が機械に代わる！その頃、アメリカでも現在ある仕事の半分が消滅!?

今は第4次産業革命の真っ只中！

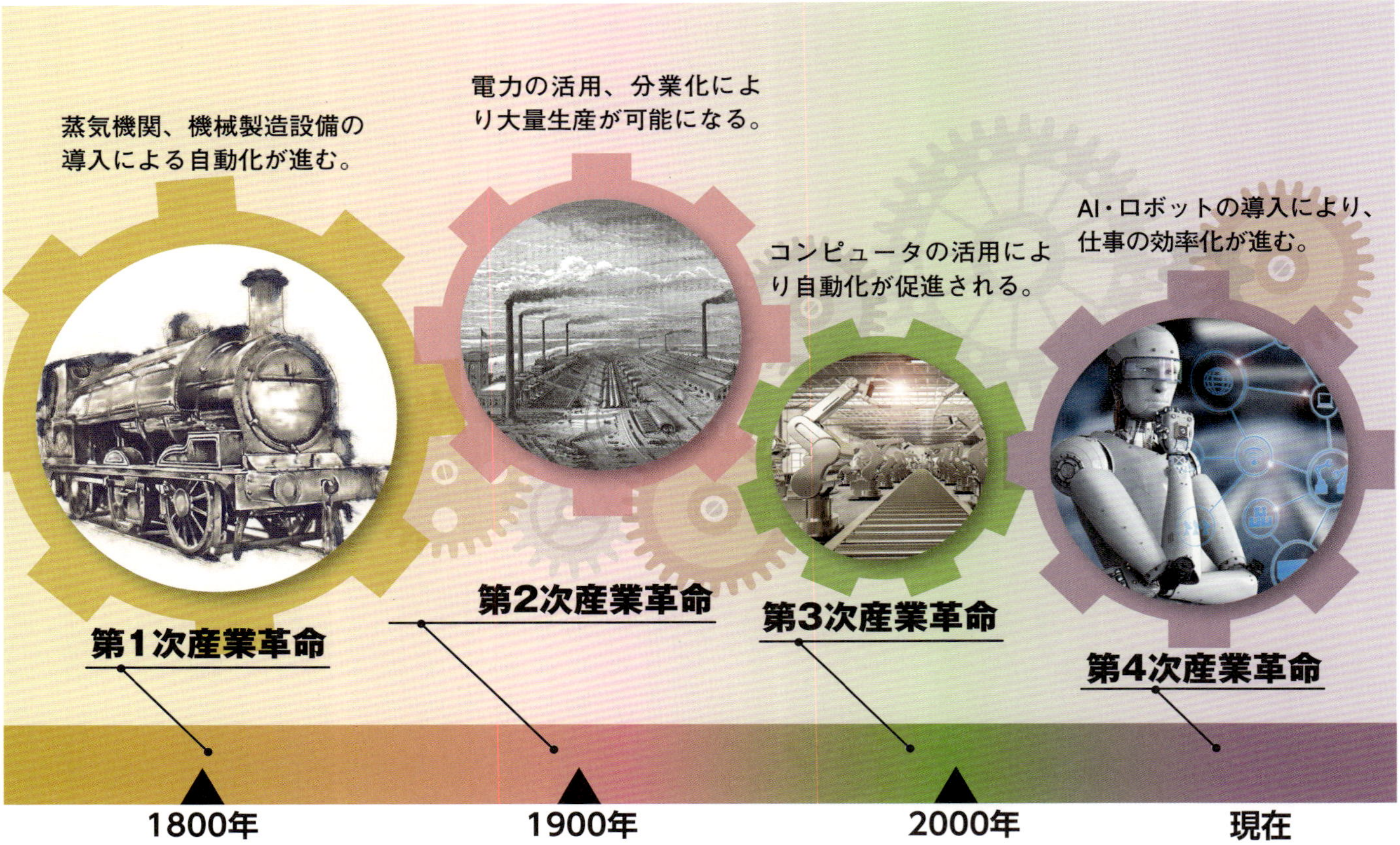
蒸気機関、機械製造設備の導入による自動化が進む。
電力の活用、分業化により大量生産が可能になる。
コンピュータの活用により自動化が促進される。
AI・ロボットの導入により、仕事の効率化が進む。
第1次産業革命
第2次産業革命
第3次産業革命
第4次産業革命
1800年
1900年
2000年
現在

便利で効率的だけど…… AI・ロボットは敵か味方か？

科学技術が進歩し、ＡＩ（人工知能）やロボットがさまざまな分野に入り込んできた。そのおかげで、どんどん便利な世の中になってきている。仕事に関しても、ＡＩやロボットに任せたほうが、ミスが少なくて効率的という一面があるだろう。

しかし、これには大きな副作用がある。**AIやロボットの職場への導入が進むにつれて、人間の仕事がなくなっていくのだ。**

歴史を遡《さかのぼ》れば、人類は過去に三度の産業革命を経験しており、その度に多くの仕事を失ってきた。しかし、ＡＩやロボットの進化によって引き起こされている現在の産業革命は、これまでにない規模で人間の仕事を奪うといわれている。世界中に失業者があふれる可能性があるのだ。

20年以内に、アメリカで半分の仕事が消えてしまう

オックスフォード大学のマイケル・Ａ・オズボーン氏によると、アメリカでは20年以内に47％の仕事をＡＩやロボットが代替《だいたい》するようになるという。レジ係、コールセンターのオペレーター、トラックやタクシーの運転手、レストランの案内係といった比較的単純な仕事から、医師、銀行員、クリエイターといった高度な専門知識や技術力を必要とする仕事まで、消えるとされる仕事は幅広

AI・ロボットが進化するにつれて仕事がなくなる！

	2020年	2025年	2030年	2035年〜
AI・ロボットの進化	ロボットの動きが熟練したものになる。	AIが言語の意味を理解できるようになる。	人間の脳並みの汎用人工知能が登場する。	AIの知的生産活動が本格化する。
なくなる仕事	レジ係、コールセンターのオペレーター、レンタルビデオ店員など	トラック運転手、タクシー運転手、自動車保険関係者など	医師、銀行員、裁判官、弁護士など	数学者、学芸員、外国語講師、クリエイターなど
			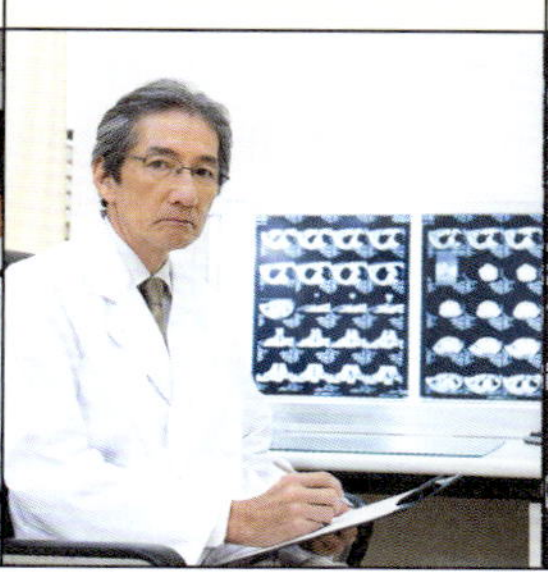	

日本で「なくなる仕事」「残る仕事」

なくなる仕事

一般・経理事務員　通関士　建設作業員　自動車組立工　スーパー店員　タクシー運転手　宅配便配達員　電車運転士　路線バス運転者　など

残る仕事

経営コンサルタント　中小企業診断士　はり師・きゅう師　美容師　保育士　インテリアコーディネーター　アートディレクター　映画監督　ミュージシャン　マンガ家　など

オックスフォード大学・野村総合研究所による予測

い。**イギリスも状況は同じで、35％の仕事がAIやロボットに取って代わられるという。**こうしたことから、アメリカなどではすべての国民に一定額を毎月支給する**ベーシックインカム**を導入して失業者を守るべきとの議論が始まっている。

日本でも半分の仕事がなくなる……残る仕事はいったい何？

日本でもAIやロボットの導入が進んでいる。AIの普及にともない、日本のGDP（国内総生産）は2030年までに50兆円増加し、500万人の雇用が生まれるといわれている。さらに現在、9000億円ほどのロボット市場が、20年に約3兆円、35年には10兆円に拡大するとも予想されている。

しかし、このプラス面の裏側には、当然マイナス面がある。オックスフォード大学と野村総合研究所の調査によると、AIやロボットの導入により、日本では、**今後20年以内に労働人口の49％が機械に代わる。**アメリカやイギリス以上にシビアな予測だ。

では、日本で将来的に必ず残りそうな仕事はどんなものがあるだろうか。

大きな傾向として、AIやロボットを導入するメリットの少ない仕事が生き残るとされる。具体的には伝統産業などの仕事だ。市場が小さいので儲けるのは難しいだろうが、密かに脚光を浴びる可能性はある。

日本では、2040年までに寺院の40%が消滅!?
一方、世界では2100年にイスラム教が最大勢力になる

世界の宗教分布はこうなっている

出典：ピュー・リサーチ・センター

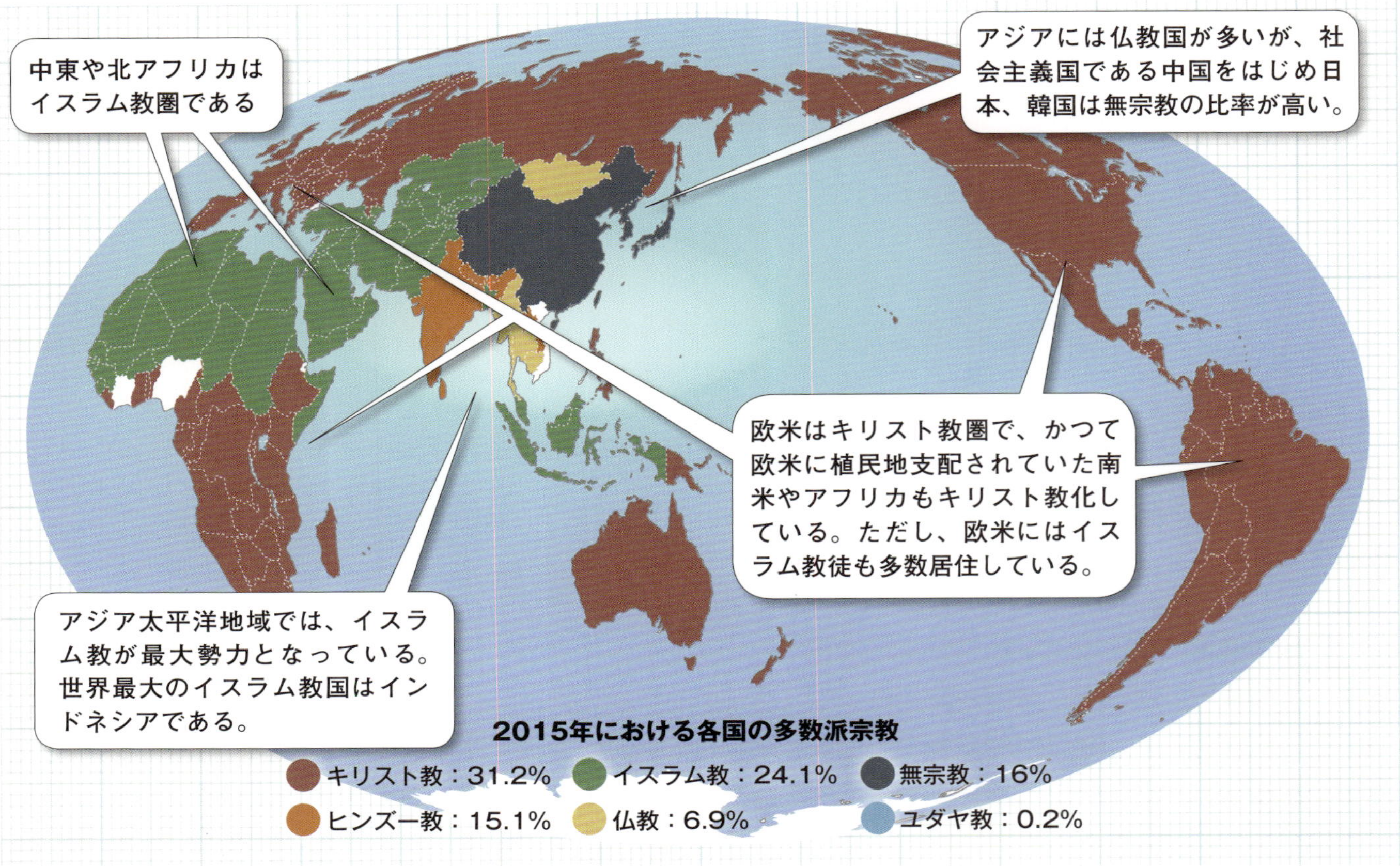

中東や北アフリカはイスラム教圏である
アジアには仏教国が多いが、社会主義国である中国をはじめ日本、韓国は無宗教の比率が高い。
欧米はキリスト教圏で、かつて欧米に植民地支配されていた南米やアフリカもキリスト教化している。ただし、欧米にはイスラム教徒も多数居住している。
アジア太平洋地域では、イスラム教が最大勢力となっている。世界最大のイスラム教国はインドネシアである。
2015年における各国の多数派宗教
キリスト教：31.2%
イスラム教：24.1%
無宗教：16%
ヒンズー教：15.1%
仏教：6.9%
ユダヤ教：0.2%

世界最大のキリスト教で教会離れが進んでいる

世界で最も多くの信徒を有する宗教はキリスト教だ。アメリカの調査機関ピュー・リサーチ・センターの調査によると、2010年における各宗教の信徒数はキリスト教徒が21億7000万人で、16億人のイスラム教徒に大きな差をつけ、トップに君臨している。

しかし近年、**ヨーロッパではキリスト教の勢力が減退している。**寄進を嫌がり教会から離れる人が多く、運営不能になった教会が続出。イギリスで日曜礼拝に行く信徒は10%にも満たない。

このままでは2000年以上の歴史をもつ最大の世界宗教が廃《すた》れていってしまいそうだ。

2100年にはイスラム教が最大勢力に!

キリスト教に次いで世界2位の信徒数を誇るイスラム教は、すさまじい勢いで信徒を増やしている。ピュー・リサーチ・センターによると、イスラム教徒は2050年に27億6000万人に増え、キリスト教徒の29億2000万人に肉薄。2070年にはイスラム教徒の割合がキリスト教徒と並び、**2100年にはついにキリスト教徒を抜いて、イスラム教徒が世界最大勢力になる**というのである。

イスラム教徒は出生率が高く、平均年齢が若い。それが信徒急増の原動力になっている。

2100年にはイスラム教がキリスト教を逆転！

出典：ピュー・リサーチ・センター

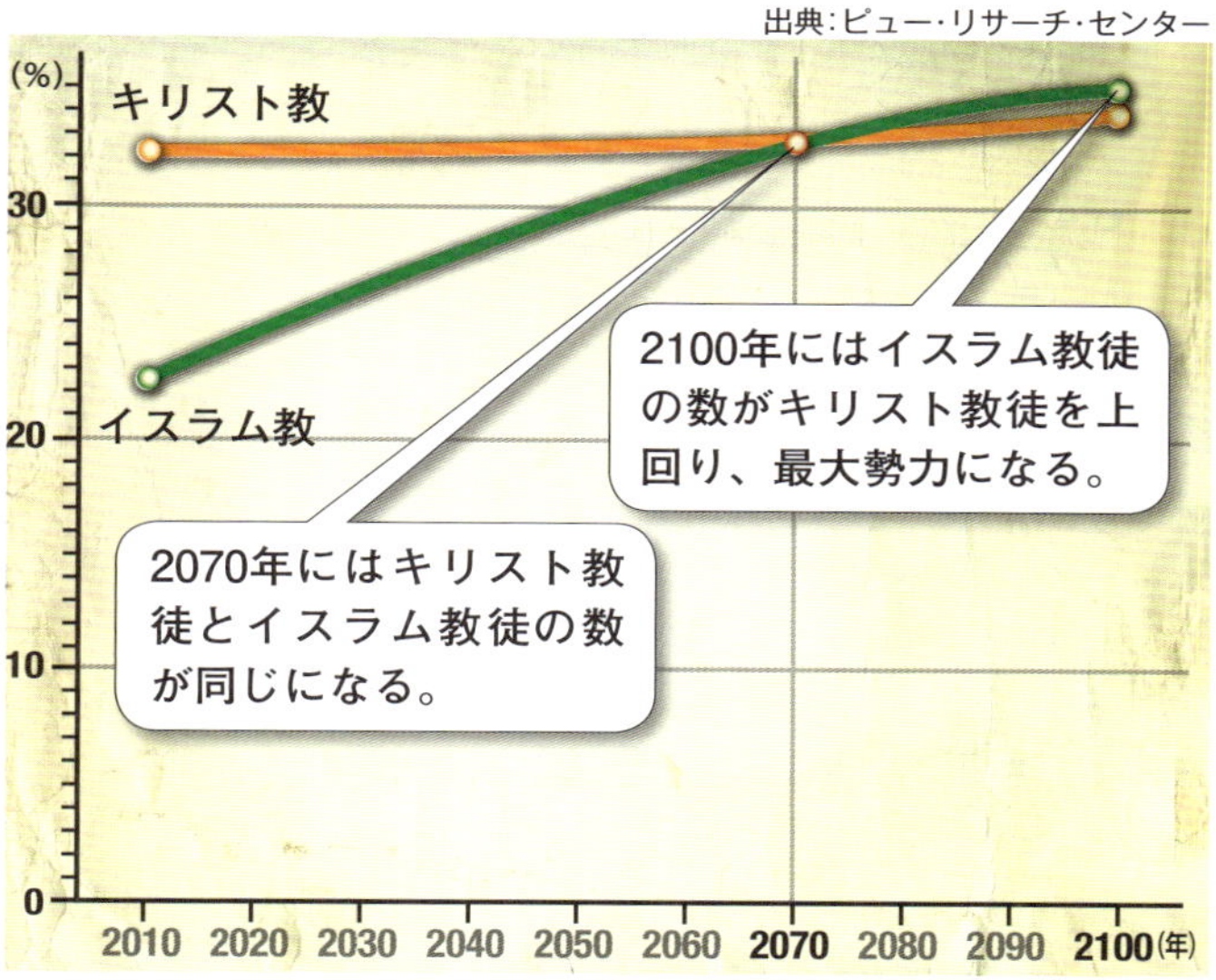
(%)
キリスト教
イスラム教
30
20
10
0
2010 2020 2030 2040 2050 2060 2070 2080 2090 2100(年)
2100年にはイスラム教徒の数がキリスト教徒を上回り、最大勢力になる。
2070年にはキリスト教徒とイスラム教徒の数が同じになる。

イスラム教徒の女性は他宗教の女性よりも出生率が高く、人口の伸びがすさまじい。

欧米に移住するイスラム教徒も増加傾向にあり、アメリカでは2050年に全人口の2.1%に達する。

日本では宗教離れが進む

人口減少や高齢化の影響もあり、経営難に陥る寺社が増えている。仏教の場合、檀家離れも進んでおり、2040年には寺院の４割が消滅するともいわれている。

ヨーロッパがイスラム化する可能性も

イスラム教徒が特に増えている地域はヨーロッパだ。イスラム圏から移住する人が増加したり、移民が子どもを産んだりして、次第に数を増やしている。これに困惑しているのがキリスト教徒で、ヨーロッパのイスラム化を懸念している。

フランスの作家ミシェル・ウエルベック氏は、「2022年にフランスでイスラム政権が成立する」という予言めいた小説『服従』を著《あらわ》し、大きな話題を呼んだ。ヨーロッパの現状を考えた時、これをフィクションと切り捨てることはできない。

2040年、日本のお寺が大幅消滅の危機!?

日本は無宗教の国といわれるが、仏教と神道を根底に生きている人が多い。正月には全国で8000万人ともいわれる人々が神社仏閣に初詣に出かけ、冠婚葬祭を神道式あるいは仏式で行なう。

しかし、最近の**日本人は宗教離れ、特に仏教離れの傾向がみられる。**

古来、日本人は特定の寺院の檀家《だんか》となり、葬儀や墓地の管理を依頼してきた。ところが、昨今は檀家関係を結ばない人が増え、檀家からのお布施《ふせ》をあてにしていた寺院の経営が大きく揺らいでいる。こうした状況が続けば、**2040年までに全国の寺院の40%がなくなる**ともいわれている。

女性の社会進出

世界で、女性の社会進出がさらに加速！2030年、日本にも初の女性首相が誕生!?

男女平等ランキング上位3位北欧諸国が独占！

（　）内は2016年の順位。

出典：世界経済フォーラム「世界ジェンダー・ギャップ指数 2017」

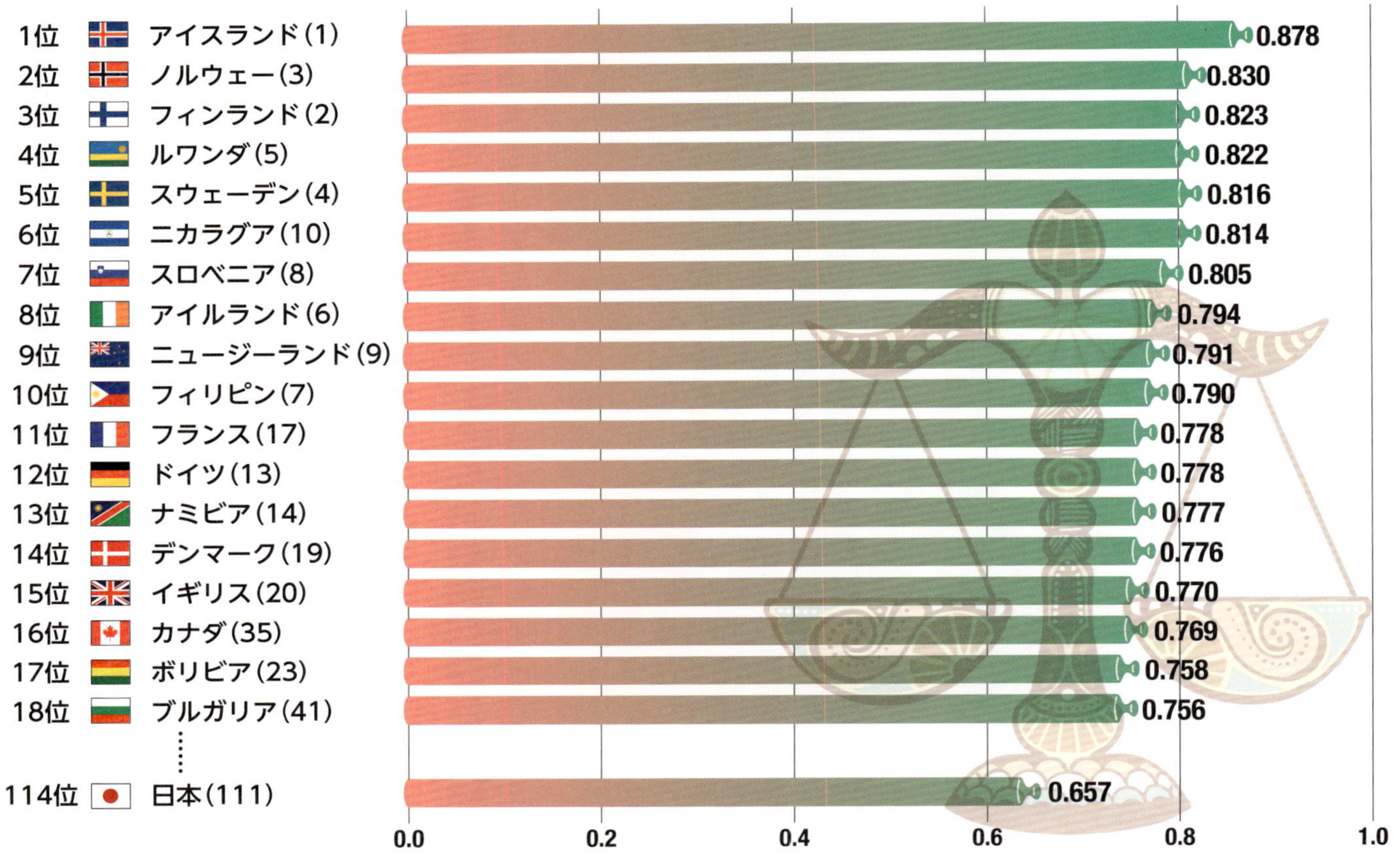

1位 アイスランド(1) 0.878
2位 ノルウェー(3) 0.830
3位 フィンランド(2) 0.823
4位 ルワンダ(5) 0.822
5位 スウェーデン(4) 0.816
6位 ニカラグア(10) 0.814
7位 スロベニア(8) 0.805
8位 アイルランド(6) 0.794
9位 ニュージーランド(9) 0.791
10位 フィリピン(7) 0.790
11位 フランス(17) 0.778
12位 ドイツ(13) 0.778
13位 ナミビア(14) 0.777
14位 デンマーク(19) 0.776
15位 イギリス(20) 0.770
16位 カナダ(35) 0.769
17位 ボリビア(23) 0.758
18位 ブルガリア(41) 0.756
114位 日本(111) 0.657
0.0
0.2
0.4
0.6
0.8
1.0

福祉が充実した北欧は男女平等先進国でもある！

夫は外で働き、妻は家庭を守る――そうした考え方は、もはや時代遅れになりつつある。世界では働く女性が増えているのだ。

現在の女性の社会進出状況については、世界経済フォーラム（WEF）による**ジェンダー・ギャップ指数**をみるとわかる。これは「経済的参加と機会」「教育面での到達度」「健康と生存率」「政治的権限付与」の4つを指数化したもので、ポイントが高いほうが「男女平等の度合いが高い」＝女性の社会進出が進んでいることになる。

2017年版では、1位アイスランド、2位ノルウェー、3位フィンランドと、北欧諸国が上位を独占し、中米のニカラグアやアフリカのルワンダなどあまりなじみのない国もベスト10にランクイン。G7（先進7カ国）の国から20位以内に入ったのはフランス、ドイツ、イギリス、カナダの4カ国しかない。

少子高齢化が進む先進国では、経済成長を高めるためにも女性の活躍が不可欠だ。こうした意向は今後も続き、女性の社会進出はますます高まると考えられている。

意外？ 女性の起業家が活躍する中国

ノルウェー、ドイツ、イギリスなどは現在、女

女性をリーダーとする国

ソルベルグ首相
カリユライド大統領
グリバウスカイテ大統領
ノルウェー
エストニア
リトアニア
イギリス
ドイツ
メイ首相
ハシナ首相
バングラデシュ
モーリシャス
メルケル首相
ファキム大統領

COLUMN 日本初の女性首相は？

日本で女性首相が誕生したことはない。世論調査を見ると、国民の多くは女性首相の誕生を望んでいる。だが、すぐに実現すると考えている人はあまりおらず、大半は10年以上先と考えているようだ。

性が政治のリーダーをつとめており、ルワンダも女性議員の比率が高い。

アジアではフィリピンで女性の台頭が目立ち、これまでに女性大統領が2人も誕生している。アジアの女性は社会的地位が低いというイメージが強いが、フィリピンはそれが当てはまらない。

中国は「ジェンダー・ギャップ指数」で100位だが、これは出生率（144位）や平均余命（120位）が足を引っ張っているからで、専門職や技術職などでは1位を獲得している。

また、起業分野での女性の活躍が目立つ。**中国の新規インターネット事業の起業家をみると、5割以上が女性**なのだ。話題の相乗りサービス、ウーバーを圧倒する中国配車アプリ最大手「滴滴《ディディ》出行《チューシン》」の総裁、柳青《ジーン・リウ》も女性である。

日本の女性議員の割合は先進国最低水準

日本では女性の社会進出が遅れている。「ジェンダー・ギャップ指数」は調査対象144カ国中114位。アジアに限った順位でも18カ国中15位に沈んでいる。政治面では女性の閣僚や議員が少ないことが原因で123位、経済面では女性の非正規雇用が多く、男女の賃金格差が多いことなどが原因で114位。これが大きく影響した。

少子高齢化の進む日本では、女性の活躍が欠かせない。近い将来、女性の社会進出が進めば、閉塞感に覆われた日本社会も変わるに違いない。

明治時代の100年後予測①

いつの時代でも、人は未来に夢を見る。今からおよそ120年前、20世紀初頭の日本人もそれは同じだった。1901年、明治時代後半に生きていた彼らは、来るべき未来に対してさまざまなイメージをめぐらせており、「報知新聞」が23項目の予言記事を掲載した。その予言をいくつか紹介しよう。

無線電信、電話が発達し、東京にいる人が海外の友人と自由に会話できるようになる。

ヨーロッパでの出来事を撮影した写真を、東京の新聞社にカラーで電送できるようになる。

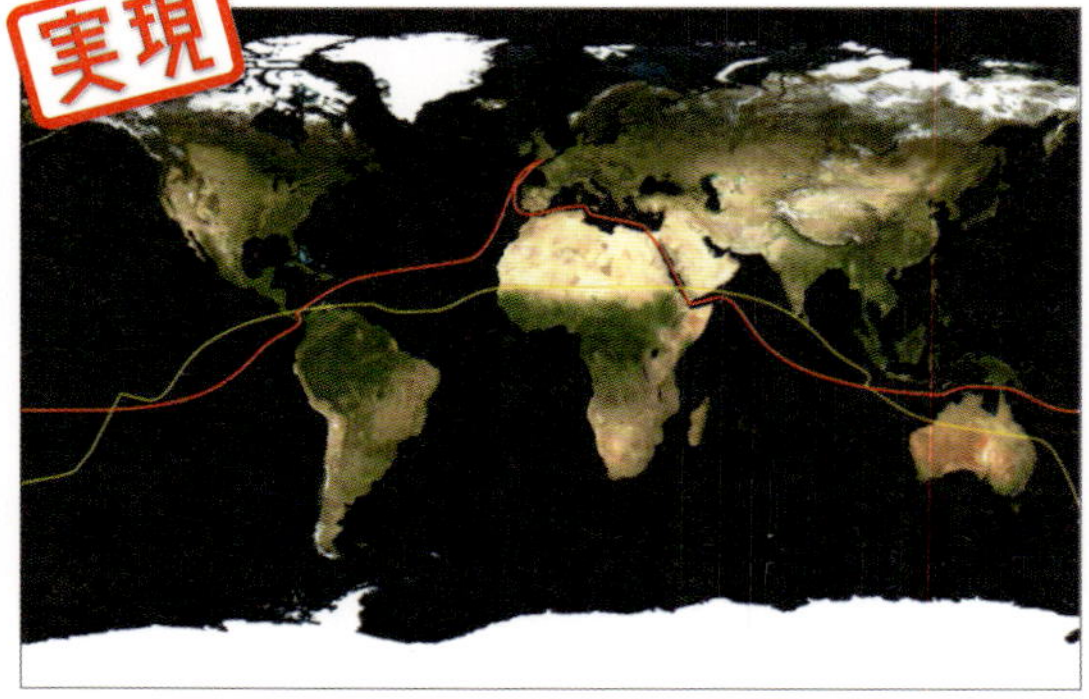

19世紀末に80日を要した世界一周旅行が、7日で可能になる。

機械で空気の温度を調節して、外部に送り出せるようになる。

ツェッペリン式の空中船が発達し、空中を軍艦が飛び、大砲も空中に設置される。

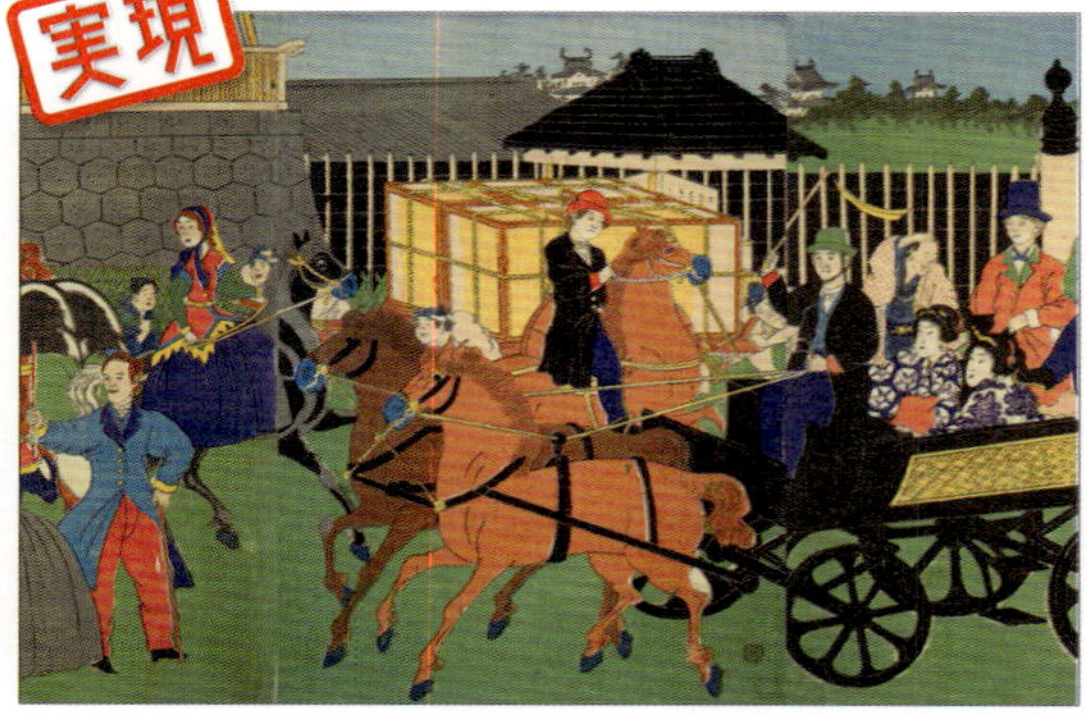

馬車がなくなり、自転車や自動車か普及する。

Chapter 2

経済・ビジネスはこう変わる！

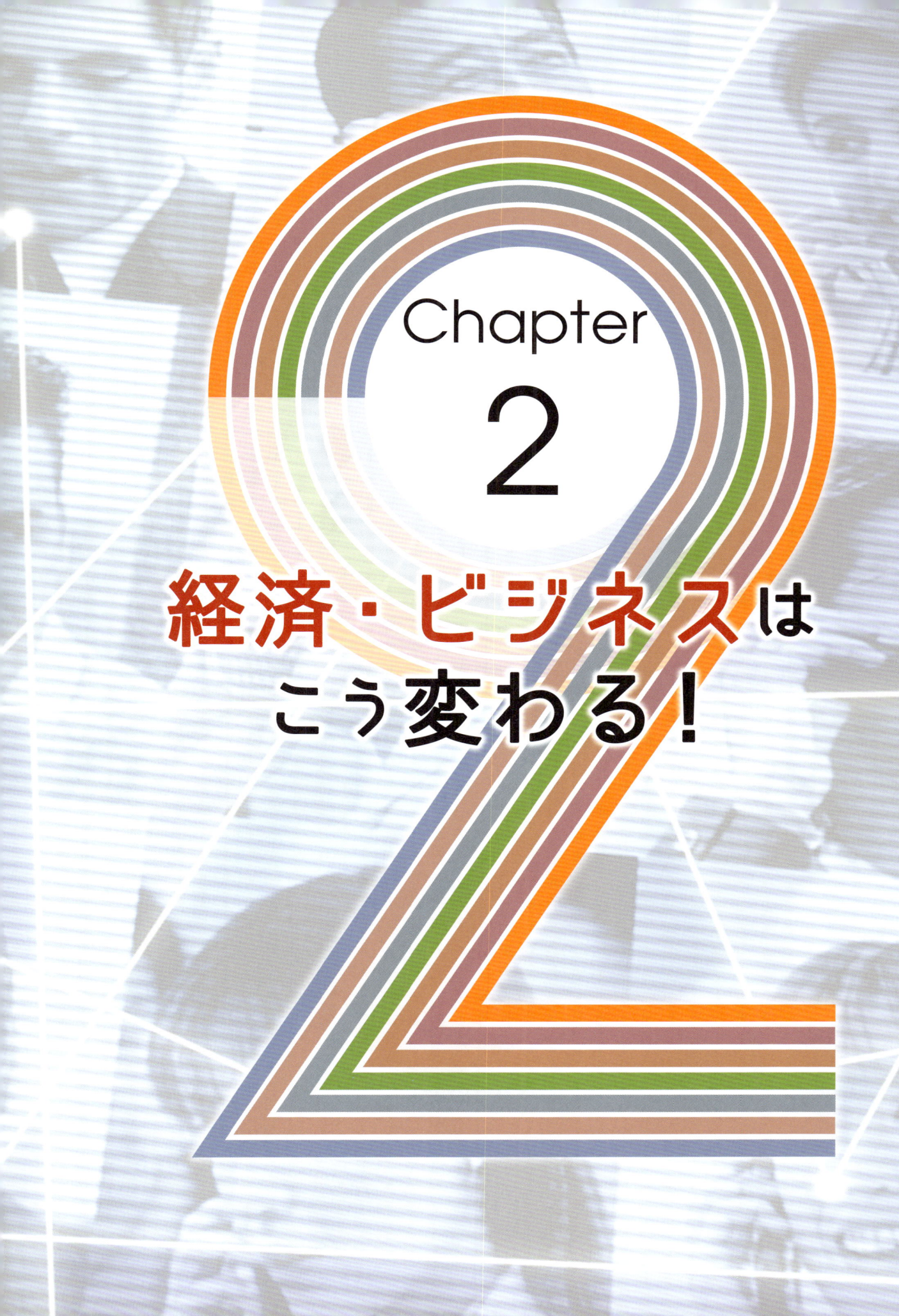

2010

2018

- インドがイギリス、フランスを抜き、世界5位の経済大国になる
- EU（欧州連合）によるギリシャへの金融支援が終了する
- ECB（欧州中央銀行）が５００ユーロ紙幣の発行を中止
- 日本の山間部でドローンによる荷物配送を開始

2019

- 日本の消費税が10％に増税される
- 日本で高度外国人材が永住権を取得する

2020

2020

- 世界の年間平均成長率は３・５％を維持していたが、これ以降、２・７％に失速する
- 日本でトラックドライバーが10万６０００人不足する
- 日本の都市部でドローンによる荷物配送を開始
- 日本の新東名高速道路で後続無人隊列走行を実用化
- 中国を中心としたアリペイ経済圏が進展する
- ベネズエラが財政破綻する
- 培養肉が食卓に並び始める

2022

- アメリカの財政赤字が1兆ドルの大台に達する
- アマゾンが無人配送を開始

2023

- 日本がメタンハイドレートの商業化プロジェクトを開始

2025

- 日本で一万円札が廃止される
- 水ビジネスが１００兆円規模に成長する

2027

- 日本でトラックドライバーが24万人不足
- アメリカの財政赤字が過去最大の2兆ドルに

DELIVERY

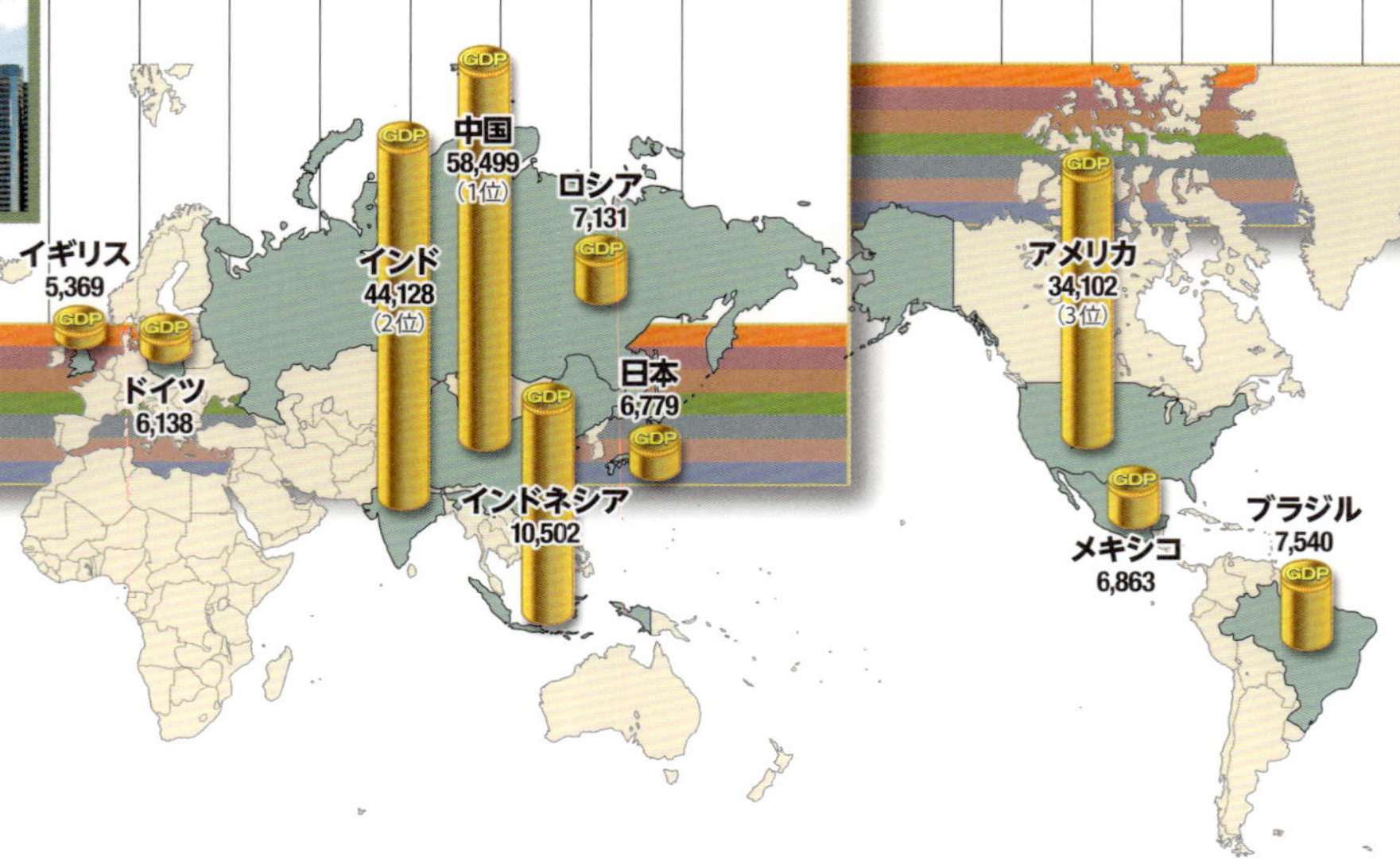
中国
58,499
（1位）
ロシア
7,131
インド
44,128
（2位）
イギリス
5,369
ドイツ
6,138
日本
6,779
インドネシア
10,502
アメリカ
34,102
（3位）
メキシコ
6,863
ブラジル
7,540
GDP

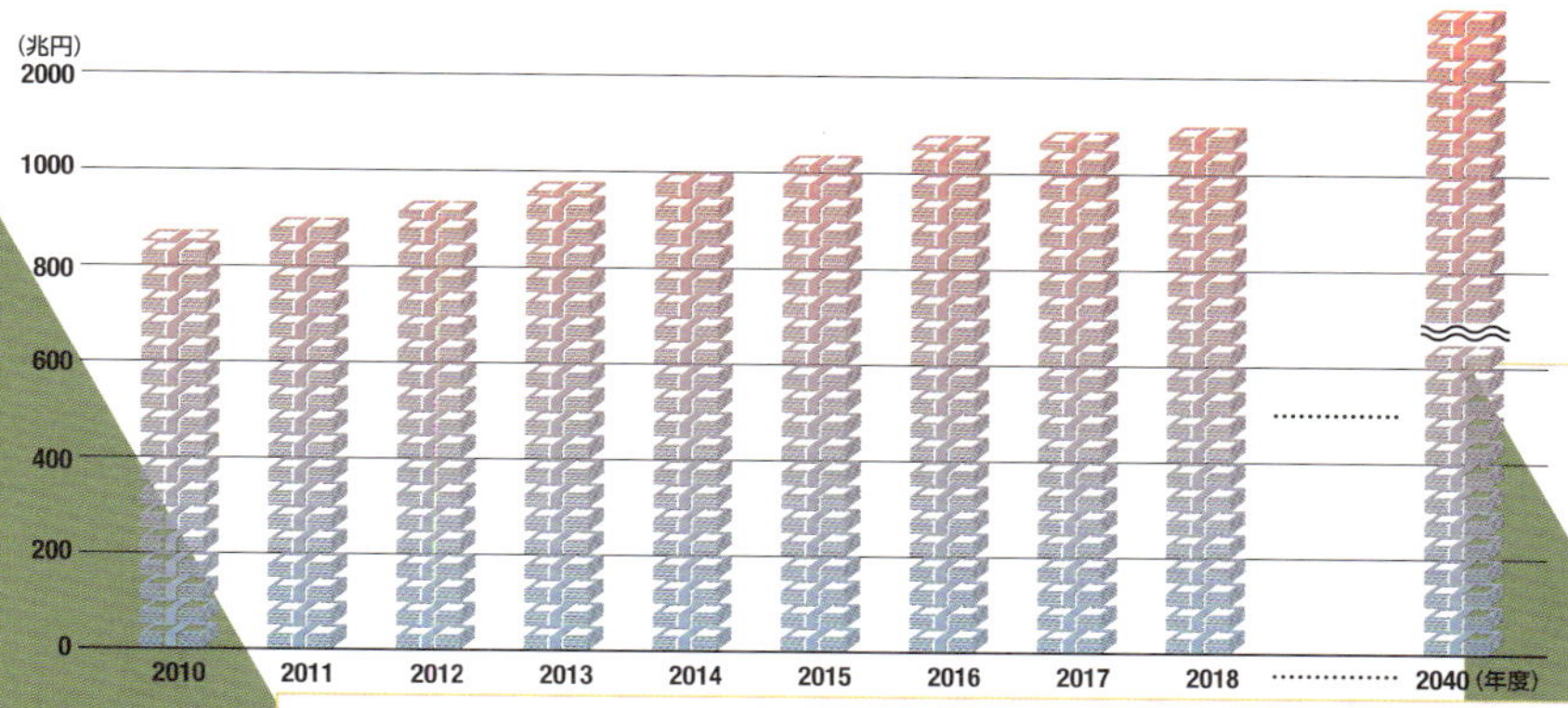

2030

2030

- 日本の経済成長が大きく失速、インドに抜かれる
- 中国が名目GDP（国内総生産）でアメリカを抜き、世界一に
- イギリス、フランス、ドイツなどが失速し、新興国が大きく飛躍
- 中国がメタンハイドレートを実用化する
- EUが電力の45％を再生可能エネルギーにする
- 中国がキャッシュレス化
- デンマークがクローネ発行を完全停止
- アメリカ・メキシコ国境に壁が建設される

2031

- 世界の年間平均成長率が2・5％に

2035

- 世界の食糧事情が悪化する

2040

2040

- 日本の債務残高が4000兆円に達する
- インドがアメリカの経済成長を抜き去り、世界3位に躍り出る
- 世界のエネルギー消費量が178億7000万トン（2014年の1・3倍）に達する
- インドと中国のエネルギー需要が世界全体の3割超を占める
- 再生可能エネルギーの使用量が化石燃料を逆転する

2041

- 世界の年間平均成長率が2・4％に

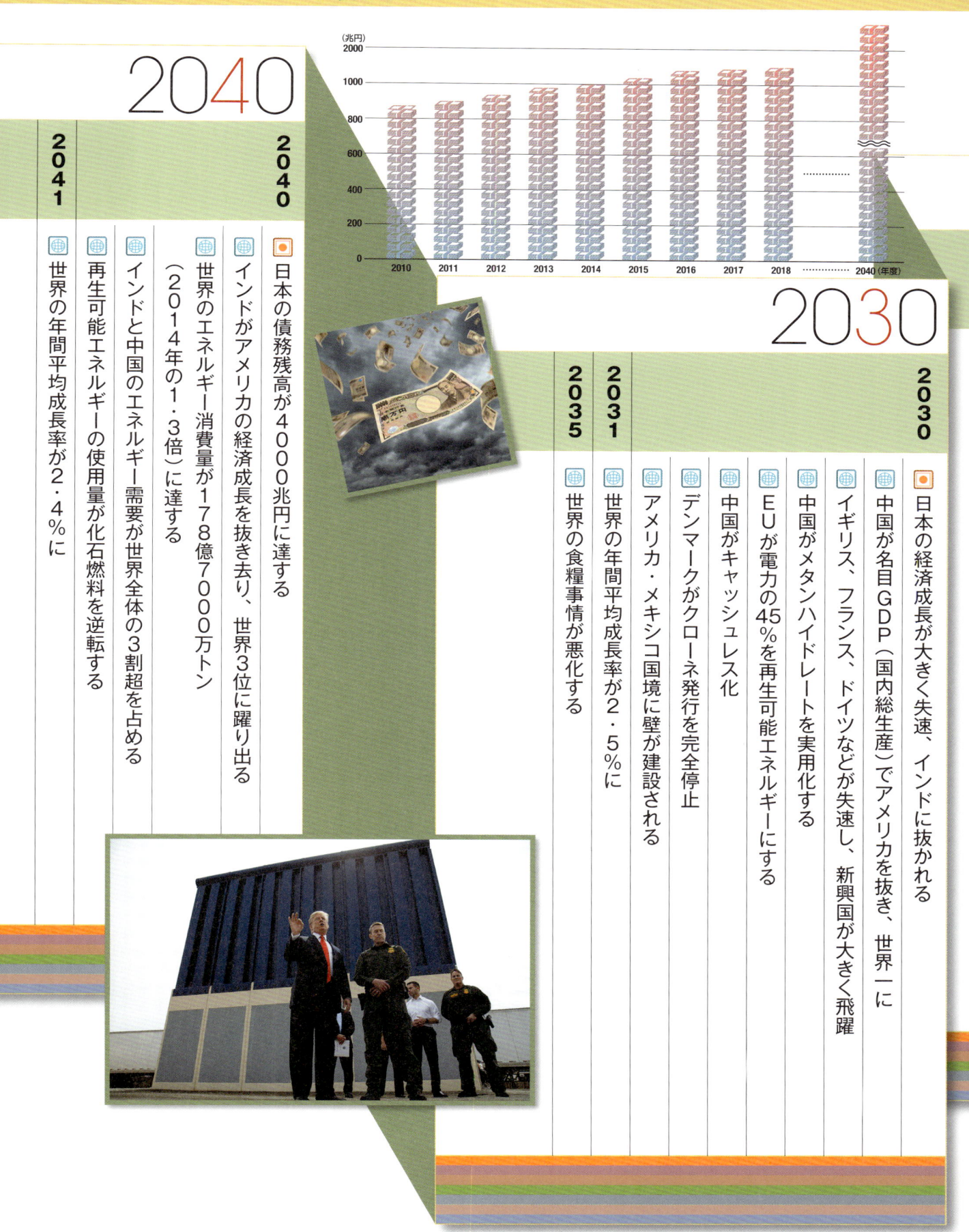

2050

2050

- 日本のGDPが世界8位に下落、1人当たりGDPは韓国を下回る
- 中国がGDPで不動の世界一に君臨。アメリカ、インドがそれに続く
- 日本が食料自給率5割をキープ
- 世界の食糧需要が69億3000万トン（2000年の1・6倍）に増える
- 中国の肉類消費量が101㎏（2000年の2倍）に増加
- 日本の国土の6割が誰も住んでいない土地になる
- 世界の40%が水ストレスにさいなまれる
- 死海が消滅する

2058

- 日本で移民1000万人計画が実現。国内居住者の10人に1人が移民になる

2060

2060

- 日本の債務残高がGDPの5倍以上に膨らむ

2065

- 日本の無人となった居住地域（現在の居住地域の2割）を外国人が占有
- イタリアの総人口の4割以上が移民になる

2066

- 石油が可採年数に達する

2068

- 天然ガスが可採年数に達する

2080

2080

水を原因とする戦争が多発する

2100

2100

食糧不足にともなう飢餓問題が深刻に

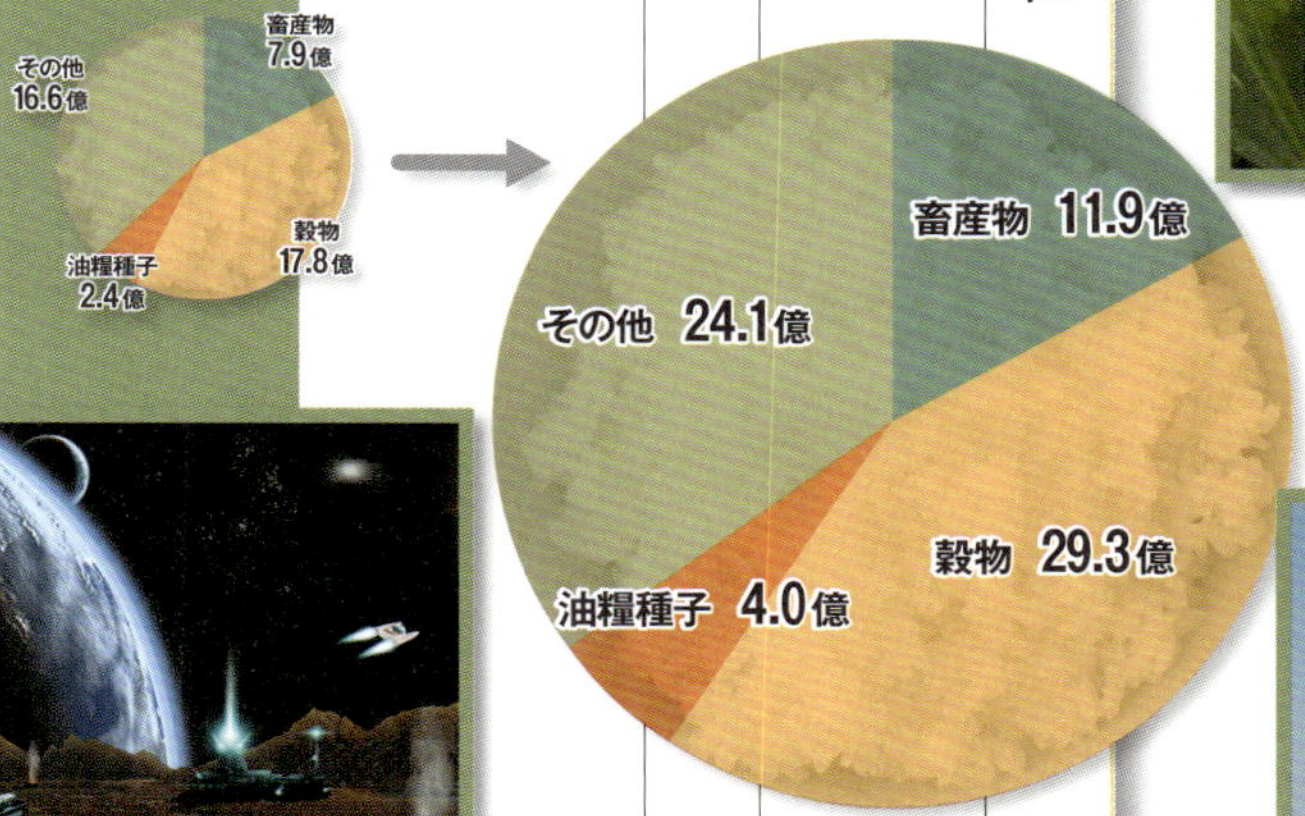
畜産物 7.9億
その他 16.6億
穀物 17.8億
油糧種子 2.4億
畜産物 11.9億
その他 24.1億
穀物 29.3億
油糧種子 4.0億

2130

石炭が可採年数に達する

2500

2500

宇宙資源の獲得が可能になる

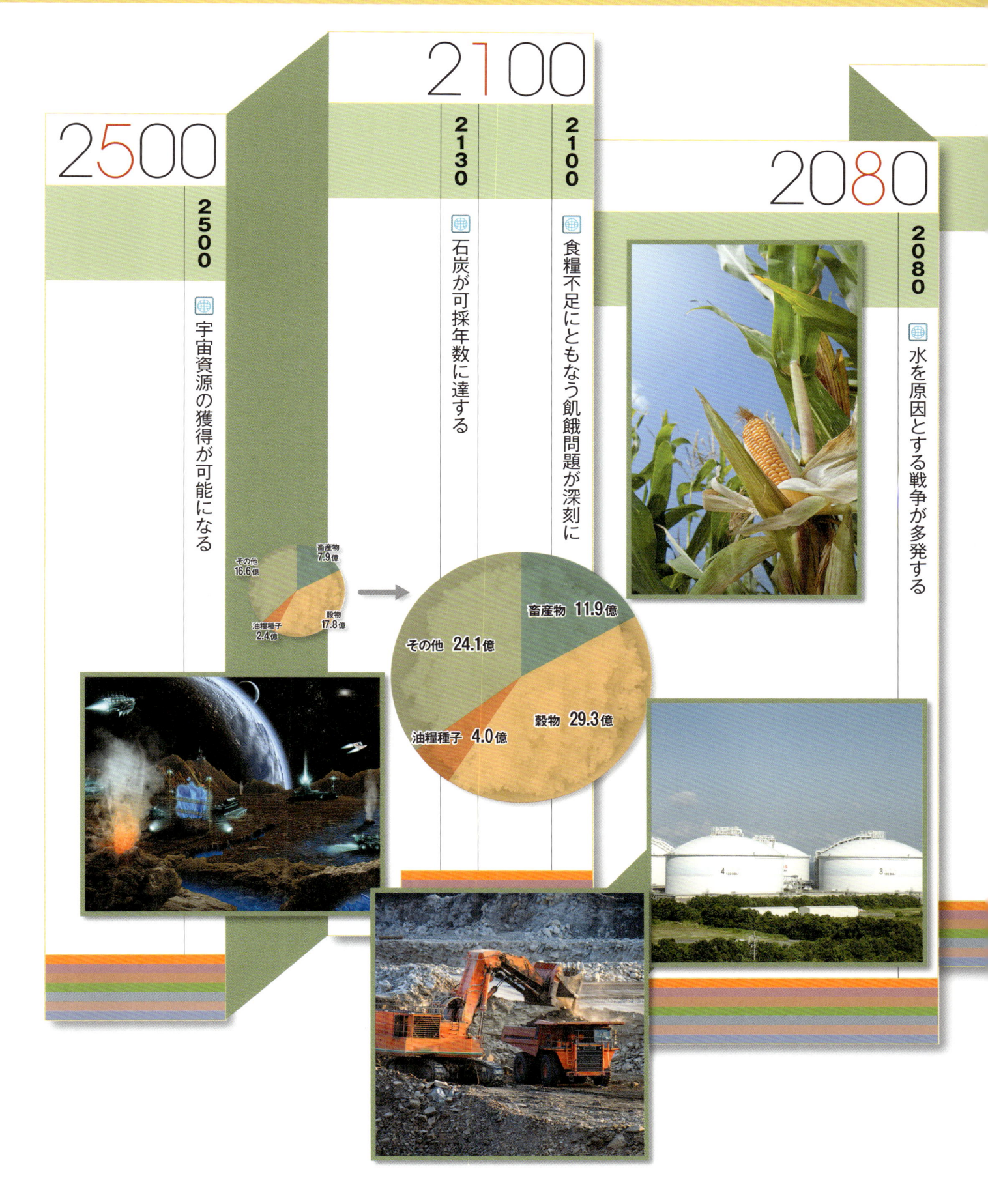

経済成長

2050年、世界経済のトップは**中国、インド**に！ その頃、日本のGDPが**世界8位まで下落**

日本経済は2050年まで右肩下がり！

出典：経団連21世紀政策研究所

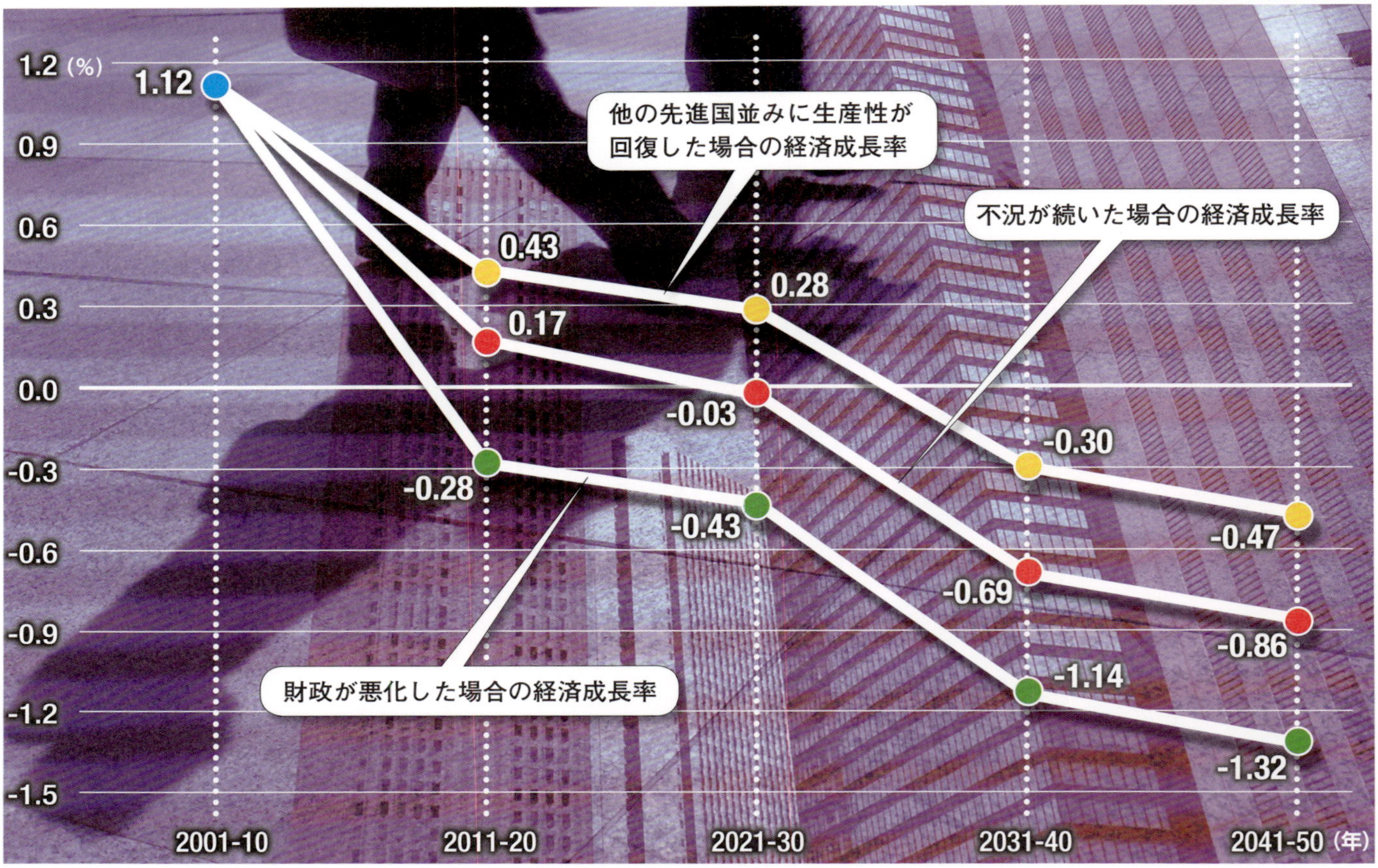

1.2 (%)
0.9
0.6
0.3
0.0
-0.3
-0.6
-0.9
-1.2
-1.5
2001-10
2011-20
2021-30
2031-40
2041-50 (年)
1.12
0.43
0.28
-0.30
-0.47
0.17
-0.03
-0.69
-0.86
-0.28
-0.43
-1.14
-1.32
他の先進国並みに生産性が回復した場合の経済成長率
不況が続いた場合の経済成長率
財政が悪化した場合の経済成長率

日本は2030年にマイナス成長へ、2050年には世界8位に……

長きにわたりアメリカに次ぐ世界2位の経済大国として君臨してきた日本。1980年代には「ジャパン・アズ・ナンバーワン」といわれ、バブル時代には日本企業がニューヨークのエンパイヤ・ステートビルを買収したこともあった。

しかしバブル崩壊後、不況が続き、経済は低迷。92年からほとんど経済成長しておらず、2010年には中国にGDP（国内総生産）で抜かれ、世界3位に転落してしまった。

この先は人口の減少や社会保障の負担増などが足かせとなり、30年以降、マイナス成長を続ける。そして30年頃にはインドに抜かれ、**50年には世界8位にまで下落**すると予測されている。世界の経済大国から極東の一小国への転落である。

2050年の経済覇権はアメリカでなく中国のもの！

2050年の世界経済において覇権を握っているのは中国だ。中国がアメリカを追い越す時期については諸説あるが、30年前後という予想が多い。20世紀前半から続くアメリカの覇権はまもなく終《しゅう》焉《えん》を迎え、その後は**中国が不動の1位になる。**

中国は13億8000万人もの人口を抱え、労働力、国内市場の大きさとともに群を抜く。最近はIT分野でも発展が目覚ましく、常に噂されている

2050年のGDPトップ10はどの国？

出典：PwC「2050年の世界」

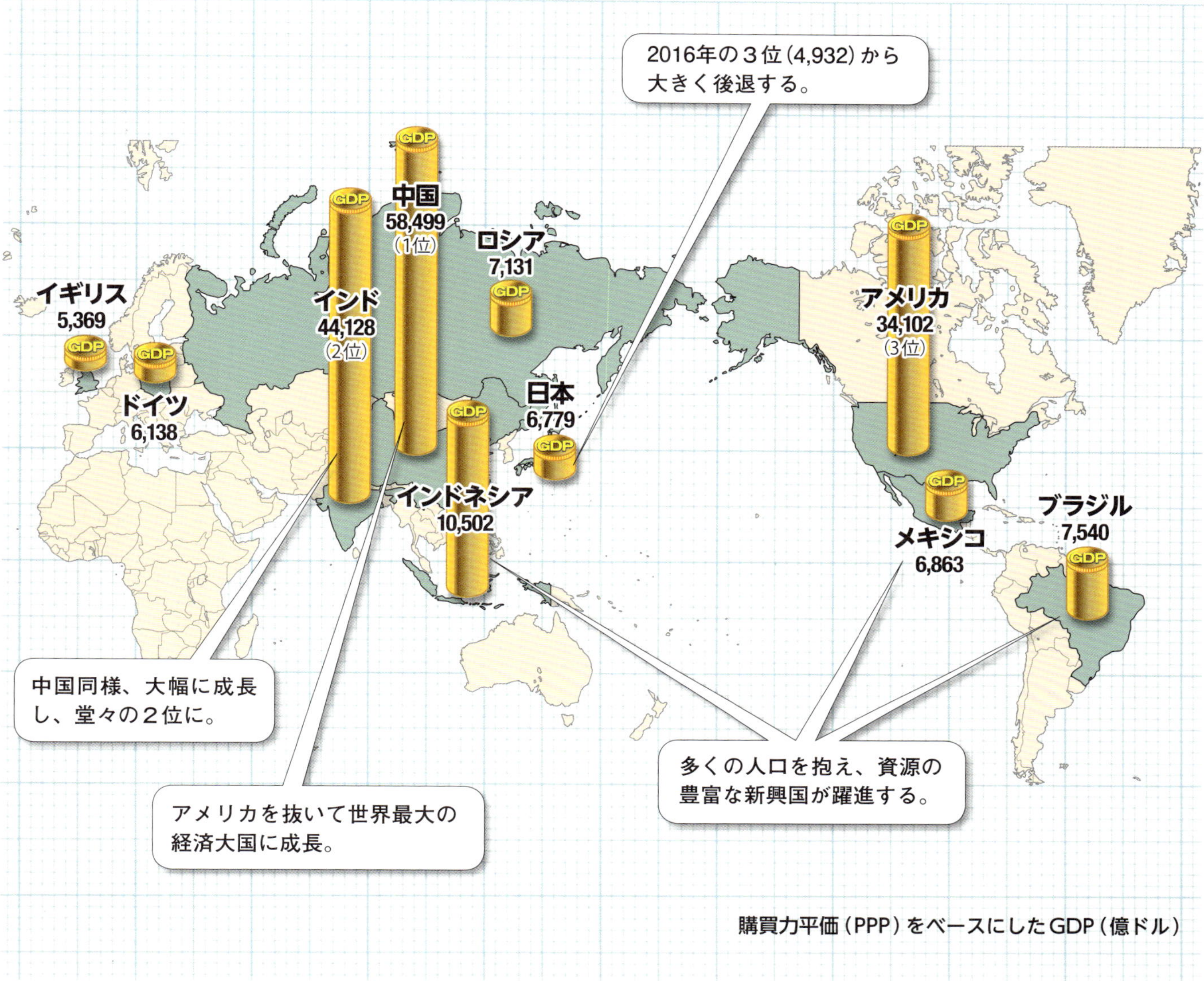
2016年の３位（4,932）から
大きく後退する。
中国
58,499
（1位）
ロシア
7,131
イギリス
5,369
インド
44,128
（2位）
アメリカ
34,102
（3位）
ドイツ
6,138
日本
6,779
インドネシア
10,502
ブラジル
7,540
メキシコ
6,863
中国同様、大幅に成長し、堂々の２位に。
多くの人口を抱え、資源の豊富な新興国が躍進する。
アメリカを抜いて世界最大の経済大国に成長。
GDP

購買力平価（PPP）をベースにしたGDP（億ドル）

経済崩壊説も杞憂《きゆう》に終わりそうだ。

インドも大きく躍進し、日本を抜き去る

インドの経済成長も注目に値する。インドといえばいまだに開発途上国というイメージをもっている人も多いだろうが、13億2000万人の人口を背景に経済成長を続けている。まもなくイギリスやフランスを抜いて世界5位の経済大国に躍進する。さらに2024年には中国を抜いて世界一の人口大国となり、**30年には日本の経済成長を追い越す**。そして40年にはアメリカをも抜き去り、世界3位に躍り出るとみられているのだ。

つまり50年の世界三大経済大国は、1位中国、2位インド、3位アメリカということになる。

現在の先進国は多くが没落し、新興国が台頭する

ヨーロッパの経済大国であるイギリス、ドイツ、フランスなども、今後は経済成長の速度を落とす。

その主な原因は人口減少や高齢化による労働人口の縮小だ。2050年のランキングで上位10カ国に入っているEU（欧州連合）加盟国はドイツ（8位）とイギリス（10位）しかない。

それらの国に代わって台頭してくるのは**インドネシアやブラジル、メキシコ**といった国々。新興国のポテンシャルが、現在の先進国のそれを上回るわけである。

ギリシャ、ベネズエラ、韓国は今後、財務破綻の危機に直面!? 一方、2040年、日本の債務残高が4000兆円に！

1990年代以降に財政破綻した主な国

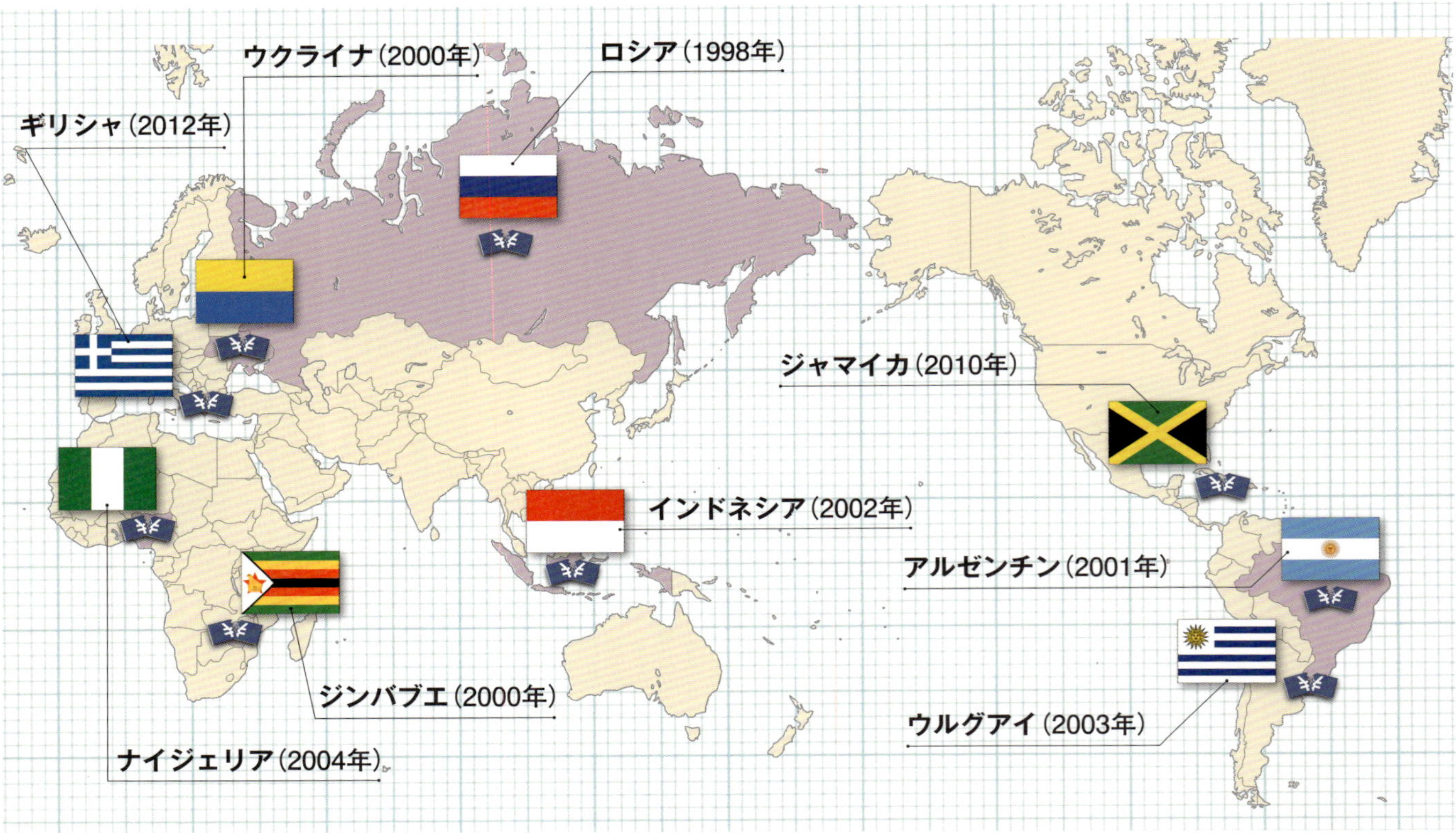
ウクライナ（2000年）
ロシア（1998年）
ギリシャ（2012年）
ジャマイカ（2010年）
インドネシア（2002年）
アルゼンチン（2001年）
ジンバブエ（2000年）
ウルグアイ（2003年）
ナイジェリア（2004年）

ギリシャ債務問題が2018年夏以降に再燃する恐れあり

個人や企業と同じように、国もまた借金が膨らみすぎると破綻《はたん》してしまう。近年ではロシア（1998年）、アルゼンチン（2001年）などが破綻し、国内経済が大混乱に陥った。

ギリシャも12年に破綻した国である。政府が国民の5人に1人を公務員とし、手厚い福祉を施すなどした結果、国家財政は悪化。さらにユーロ加盟のために粉飾決算をしたことで財政状態はますます悪くなった。

このままではヨーロッパ全体が不安定化してしまうということで、EU（欧州連合）が金融支援を行ない、事態を沈静化させた。しかし、金融支援は18年夏に終了する。ギリシャ経済はここ数年ほとんど成長しておらず、借金を返すあてはない。したがって、まもなく**ギリシャの債務問題が再燃しかねない状況**になっているのだ。

原油に頼りすぎたベネズエラは3年以内に破綻する!?

南米のベネズエラも財政破綻の危機にある。ベネズエラは財政の9割以上を原油の輸出に依存しており、原油価格が最盛期の半分以下に下落したことで財政が急激に悪化した。しかも反米左派政権が企業を国営化したため国内産業も衰退。その結果、GDPが4年間で50％も減少し、政府の債

20年後、日本は4000兆円もの債務を抱える借金大国に!?

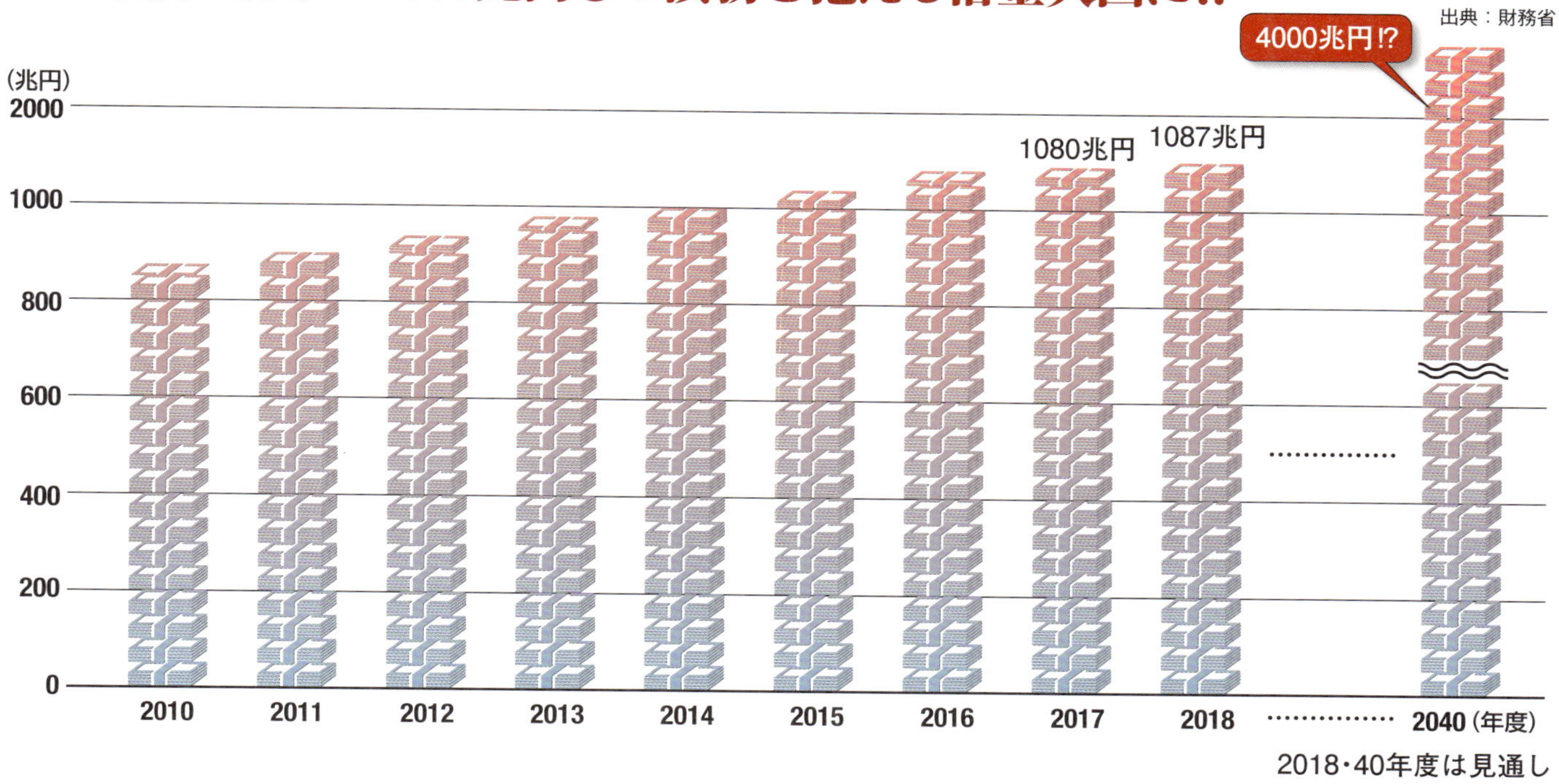
出典：財務省
(兆円)
2000
1000
800
600
400
200
0
4000兆円!?
1080兆円
1087兆円
2010
2011
2012
2013
2014
2015
2016
2017
2018
2040 (年度)
2018・40年度は見通し

財政破綻したら日本はどうなる？

1. **円安が進む** → 円の価値が下がり、輸入企業に大打撃
2. **インフレ発生** → 物価が上がり、モノが買えなくなる
3. **失業者増加** → 公務員などがリストラされ、失業率が悪化
4. **IMF管理下に** → かつての韓国のようにIMF（国際通貨基金）の管理下で厳しい財政再建が行なわれる

務は1500億ドルにまで膨れ上がったのだ。

国内は激しいインフレとモノ不足に見舞われ、**有効な手を打たないと財政破綻は必至。**リミットは2020年といわれている。

お隣、韓国の2022年危機説

韓国は他国と比べて債務残高はまだ少ない。しかし、債務の増加速度が速いため、**2022年頃に危機的状況を迎えるのではないか**と不安が広がっている。2017年には福祉や雇用創出の財源を確保するという名目で、20兆ウォン（約1兆9300億円）の赤字国債発行が計画されるなど、事態は深刻化してきた。

日本の債務は2040年に4000兆円にまで膨れ上がる!?

世界3位の経済大国である日本も、債務問題は極めて深刻だ。債務残高は2017年9月末時点で1080兆4405億円（過去最高額）。国民1人当たり約850万円の借金を抱えていると考えると、いかに膨大な額かが理解できるだろう。

バブル崩壊以降、毎年多額の国債を発行してきたこと、高齢化による社会保障費の増大、減税による税収の落ち込みなどが債務膨張の原因とされるが、経済政策の失敗によるものとの意見もある。

このままでは**40年には債務残高が4000兆円（現在の約4倍）に達する**ともいわれており、そうなれば財政破綻もまぬがれない。

2058年、日本で10人に1人が移民になる!?
一方、アメリカでは十数年後にメキシコとの国境に壁が出現!?

壁の試作品を視察するトランプ大統領

トランプ大統領は大統領選において、メキシコからの不法移民を防ぐため、国境に〝壁〟をつくると公約。現在、計画が進められている。

写真：AP/アフロ

世界の移民の数は四半世紀で4割も増加した！

よりよい暮らしを求めて自国を離れ、外国に移り住む移民たち――。その数が増加傾向にある。

２０００年の世界の移民の数は1億７３００万人だったが、15年には2億４４００万人に達した。およそ4割増である。

難民の増加も著しい。15年にはシリア内戦など中東における政情不安が高まり、シリア、イラク、アフガニスタンなどからヨーロッパを目指す難民が１００万人以上を数えた。

こうした**移民・難民の数がしばらく増え続けるのは間違いない。**先進国では少子高齢化が進んでおり、不足する労働力を補う必要があるからだ。特に需要が高まるのが高度な教育を受けた移民。すでに多くの国々で選択的移民政策が実施されているが、この傾向は今後も続き、移民の人材獲得競争が激化していくと考えられている。

トランプ大統領は本気だ！メキシコ国境への壁設置

「移民の国」であるアメリカは、現在も世界最大の移民受け入れ国だが、トランプ大統領の就任以降、移民排斥の動きをみせつつある。

トランプ大統領は選挙期間中から「テロ対策のためイスラム教徒の入国を禁止すべきだ」「国境に〝壁〟を建設し、メキシコからの不法移民を防ぐ」

移民はこう動いている

インド、メキシコ、ロシア、中国が移民出身国の上位で、アメリカ、ドイツ、ロシアが受け入れ国の上位となっている。

移民流入により懸念される問題

1 賃金問題
移民が安い賃金で仕事を引き受けると、自国民の賃金も下げなければならなくなる。

2 格差問題
自国民と移民との間に貧富の格差が生まれ、階級が形成されてしまう。

3 コミュニティ問題
日本などの場合、人口減少が進んだ町に移民が集まり、移民だけのコミュニティができてしまう。

4 治安の問題
犯罪率が上がったり、民族間の抗争が激しくなる。テロの危険も高まるといわれる。

と述べて物議を醸《かも》した。これらの政策はまだ実行に移されていないが、トランプ大統領は移民に対する排他感情を隠そうとしない。**十数年後、国境に3200kmの壁が完成しているかもしれない。**

移民の急増により ヨーロッパでも排斥の動きが……

ヨーロッパでも移民排斥の動きはある。イギリスは2016年にEU離脱を決めたが、その理由の1つは、国民が移民・難民の大量受け入れに反発したからだといわれている。**ドイツやフランス、東欧諸国などでも移民排斥を掲げる右派政党が支持率を高めている**現実もある。

移民1000万人計画が40年後に実現するかもしれない

島国の日本では、これまで移民の受け入れに積極的ではなかった。しかし近年、コンビニや飲食店などの店員の多くが外国人になった。

現在、日本で働く外国人労働者の数はおよそ108万人。少子高齢化の進展にともない、今後より多くの外国人が雇用されることになるだろう。

2008年には自民党の外国人材交流推進議員連盟が、今後50年間で1000万人の移民を受け入れる提言を総会でまとめた。こうした動きが加速していけば58年には移民が1000万人に達し、**国内居住者の10人に1人が移民になる。**

世界では、数年以内にデリバリーロボットが実現！一方、日本でも2020年代にドローンによる配送サービスが登場！

■2020年代に日本でドローン輸送が実現予定

物流の現場では無人化が進んでいる。海外ではアマゾンなどがドローンによる荷物輸送の実験を続けており、日本でも2020年代から都市部でのドローン輸送が始まる。

物流の2020年問題——ドローンが人手不足解消の切り札に

日本の物流業界は、ネット通販市場の拡大などにより、かつてない人手不足に悩まされている。スタッフの疲労もひどい。東京オリンピックが開催される2020年には、輸送需要がますます増え、トラックドライバーが10万6000人不足するともいわれている。そこで待望されるのが輸送の無人化だ。

たとえば小型無人飛行機、つまり**ドローン**による輸送である。荷物を搭載したドローンに、GPS情報を活用して飛行ルートを設定すると、自動運航で目的地まで届けてくれる。

2013年、アメリカでアマゾンが「プライム・エアー」というドローン配送サービスを発表すると、グーグルなどもトライアルを開始した。

日本でも東京オリンピックの20年にお目見えし、22年頃から本格化するといわれている。

デリバリーロボットのピザ宅配は料金が12分の1になる！

空輸ではなく地上を移動する**デリバリーロボット**にかかる期待も大きい。

アメリカのスターシップ・テクノロジーズ社は、サンフランシスコやロンドンやデュッセルドルフなどでデリバリーロボットによる食品配送サービスの試験を実施。現在、ロンドンでは宅配サービスに12ポンド程度かかるが、自動輸送にす

物流の未来はこうなる！

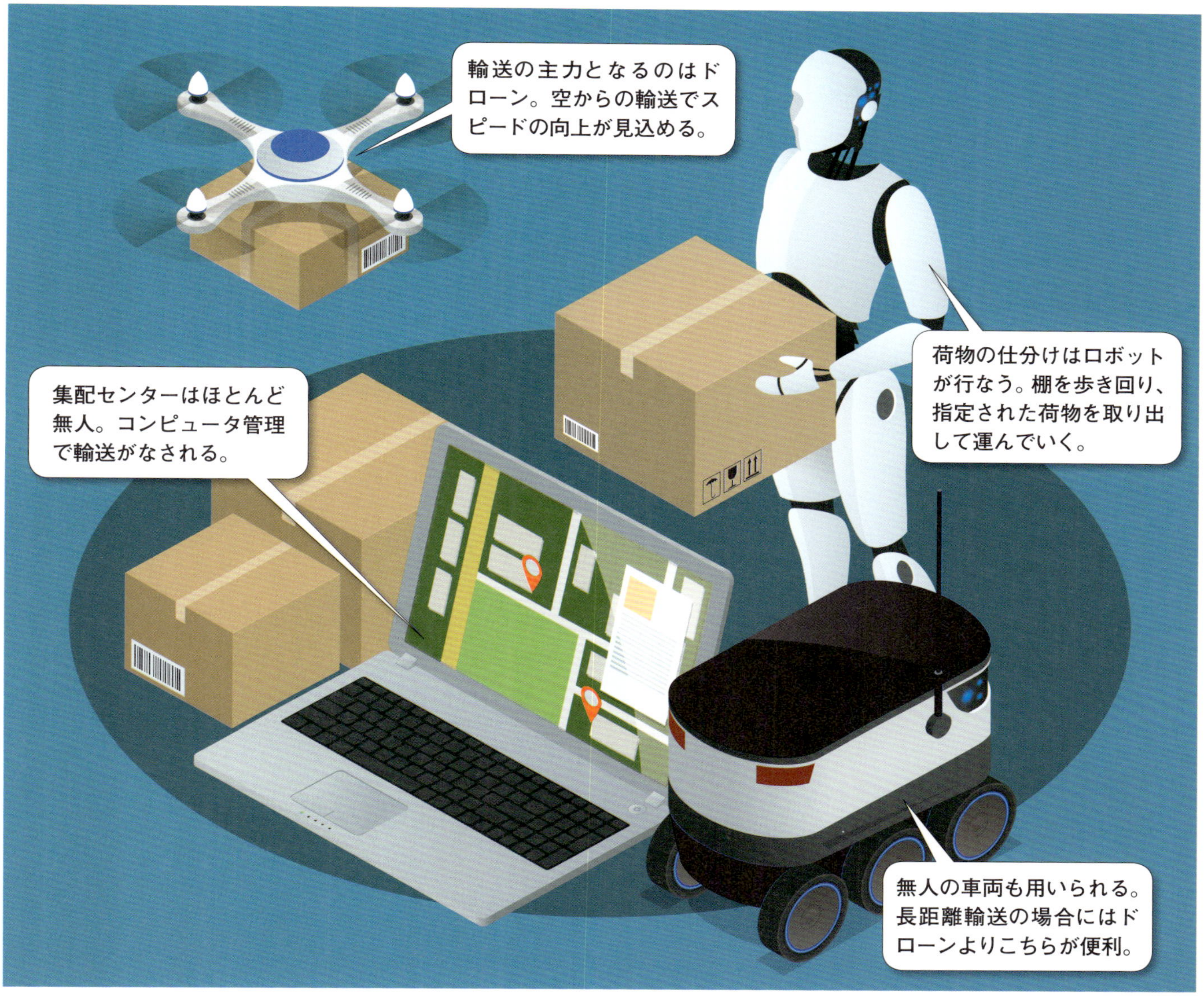
輸送の主力となるのはドローン。空からの輸送でスピードの向上が見込める。
荷物の仕分けはロボットが行なう。棚を歩き回り、指定された荷物を取り出して運んでいく。
集配センターはほとんど無人。コンピュータ管理で輸送がなされる。
無人の車両も用いられる。長距離輸送の場合にはドローンよりこちらが便利。

ることで1ポンド程度まで安くできるという。

オーストラリアのドミノ・ピザも、車型のデリバリーロボットで実証実験を行なっている。センサーとカメラで周囲を認識しながら最適なルートを選ぶ仕組みだ。**こうしたシステムは、あと数年で実現できるといわれている。**

長距離輸送は無人トラックにお任せ

長距離の大量輸送では、**トラックプラトーニング（隊列走行自動運転）**の有用性が高い。先頭のトラックだけ人間が運転し、その後ろを自動運転のトラックが追従する。これによりドライバーの人員削減や渋滞の緩和が期待できる。**日本では2018年に新東名高速道路での後続無人隊列走行の実証実験を始める予定**で、20年に実用化、22年以降に東京〜大阪間での事業化を目指している。

ピッキングロボットの導入で物流センターも完全無人化へ

物流をスムーズにするためには、荷物を輸送車に運ぶ手間や時間の軽減も欠かせない。そのため期待されているのが**ピッキングロボット**だ。

現在では物流センターでロボットがコンテナを仕分けする人の所へ運び、その中から人が取り出す。人手も6割ほどで済み、時間も大いに短縮できる。アマゾンのシステムが優れており、**完全な無人化までまもなく**といわれている。

2020年代、日本は資源大国に変身！一方、世界では50年後に石油が枯渇

エネルギー資源がなくなるまであと何年？

出典：経済産業省

石油
1兆6970億バレル
（2015年）
50.7年

石炭
8915億トン
（2016年）
114年

天然ガス
186.9兆㎥
（2015年）
52.8年

ウラン
572万トン
（2015年）
102年

石油と天然ガスは50年程度、石炭とウランは100年程度で枯渇

経済を回すためには石油や天然ガス、石炭などのエネルギー資源が欠かせない。その消費量は人口増加や中国、インドに代表される新興国の急速な経済成長の影響で年々増え続けており、2014年に136・8億トンだったものが、40年にはおよそ1・3倍の178・7億トンにまで膨れ上がるとみられている。

しかし、エネルギー資源には限りがある。可採年数は石油と天然ガスが50年程度、石炭とウランが100年程度。今後、新たな油田や鉱山が発見されたり、技術革新が進んだりすることで数字が変わる可能性もあるが、現時点の予測では**2100年代前半までに重要な化石燃料が次々と枯渇する**ことになるのだ。

シェールガス革命により、資源問題は先送りに？

化石燃料に代わる未来のエネルギー源としては、太陽光や風力などが有力視されてきた。しかし近年、アメリカでシェール岩石を砕いてガスを採取する技術が確立され、事情が変わりつつある。**シェールガスはアメリカや中国などに豊富に埋蔵**されており、すべて採掘できれば世界のエネルギー需要を200年以上満たすことができる。このシェールガス革命で資源の枯渇問題は少し先送りにされた感がある。

宇宙採掘の時代がやってくる

地球の資源が枯渇した場合、宇宙で獲得する可能性が高まっている。小惑星に鉱山をつくり、鉄などを採掘できれば、現在の社会を持続することも可能となる。

まだまだ増えるエネルギー消費量

出典：国際エネルギー・フォーラム

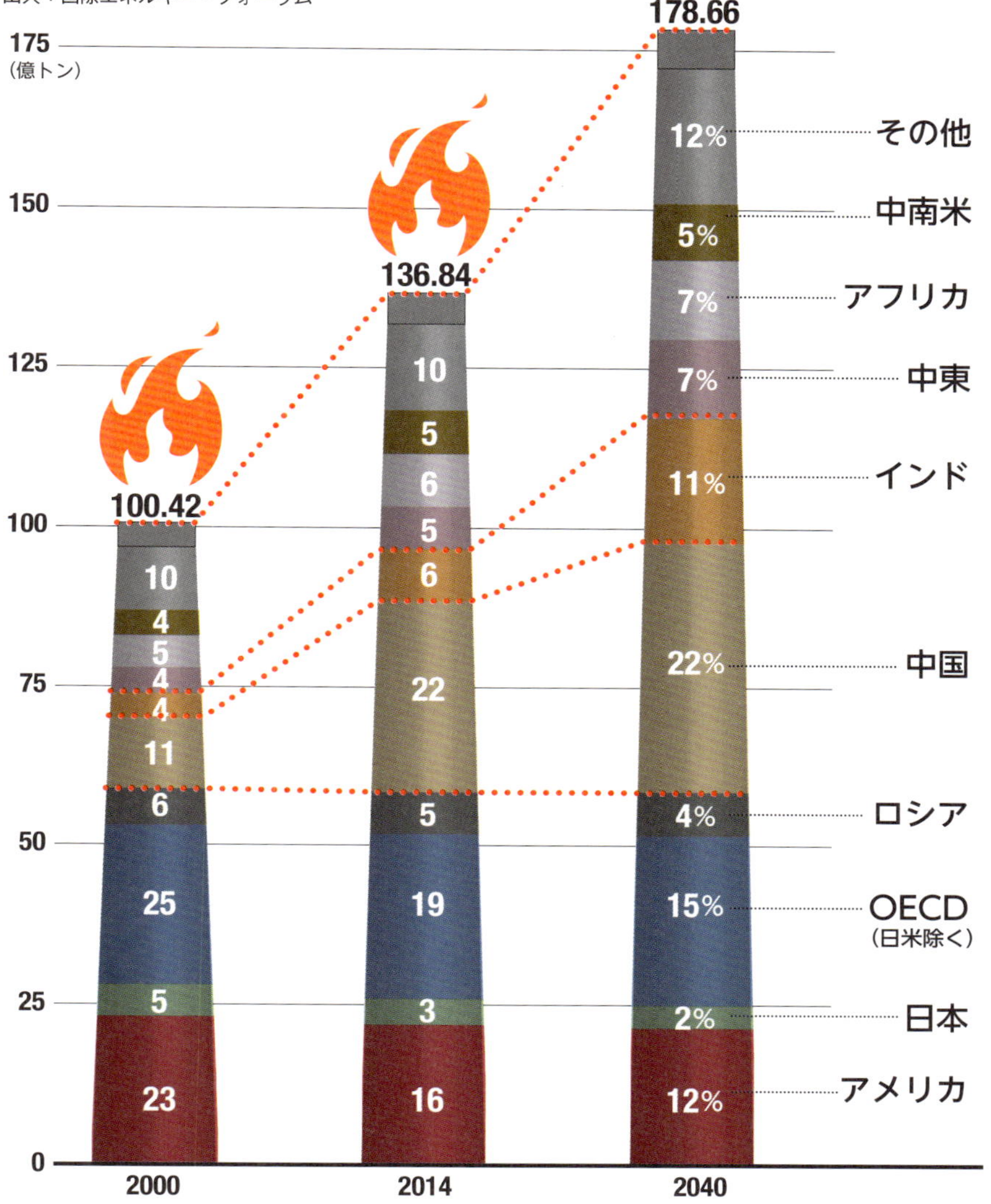

175
(億トン)
150
125
100
75
50
25
0
2000
2014
2040
100.42
136.84
178.66
10
4
5
4
4
11
6
25
5
23
10
5
6
5
6
22
5
19
3
16
12%
5%
7%
7%
11%
22%
4%
15%
2%
12%
その他
中南米
アフリカ
中東
インド
中国
ロシア
OECD
(日米除く)
日本
アメリカ

日本が2020年代に資源大国化する可能性も！

日本は資源貧国であり、エネルギー自給率は7%にすぎない。しかし今後、エネルギー大国になる可能性を秘めている。日本近海に大量のメタンハイドレートが埋蔵されているからだ。

メタンハイドレートとは、水やシャーベットのような状態で海底に存在する天然ガスの主成分のこと。資源エネルギー庁によると2016年時点で717カ所が確認されており、すでにガスの採取にも成功した。**23〜27年には商業化プロジェクトが開始される予定**で、30年の実用化を目指す中国に対抗しようとしている。

宇宙の小惑星から資源調達しようとする計画が浮上

宇宙で資源を採取しようとする動きもある。地球の近くに位置する小惑星には、ニッケル、コバルト、鉄などの鉱物資源が豊富に埋蔵されている可能性がある。それを採掘し、地球に持ち帰ろうという計画があるのだ。ヨーロッパの富裕国ルクセンブルクの支援を受けたアメリカのベンチャー企業が研究を進めている。

また、**中東諸国が月や小惑星で水を獲得しようとしている**とも噂されている。いずれの計画も実現までには数十年から数百年かかるといわれているが、画期的な試みとして注目を集めている。

2050年、世界の食糧需要が現在の1.6倍に! 食糧自給率38%のままだと日本も食糧争奪戦で危機的状況に!?

食糧需要は2050年に1.6倍増!

出典：農林水産省

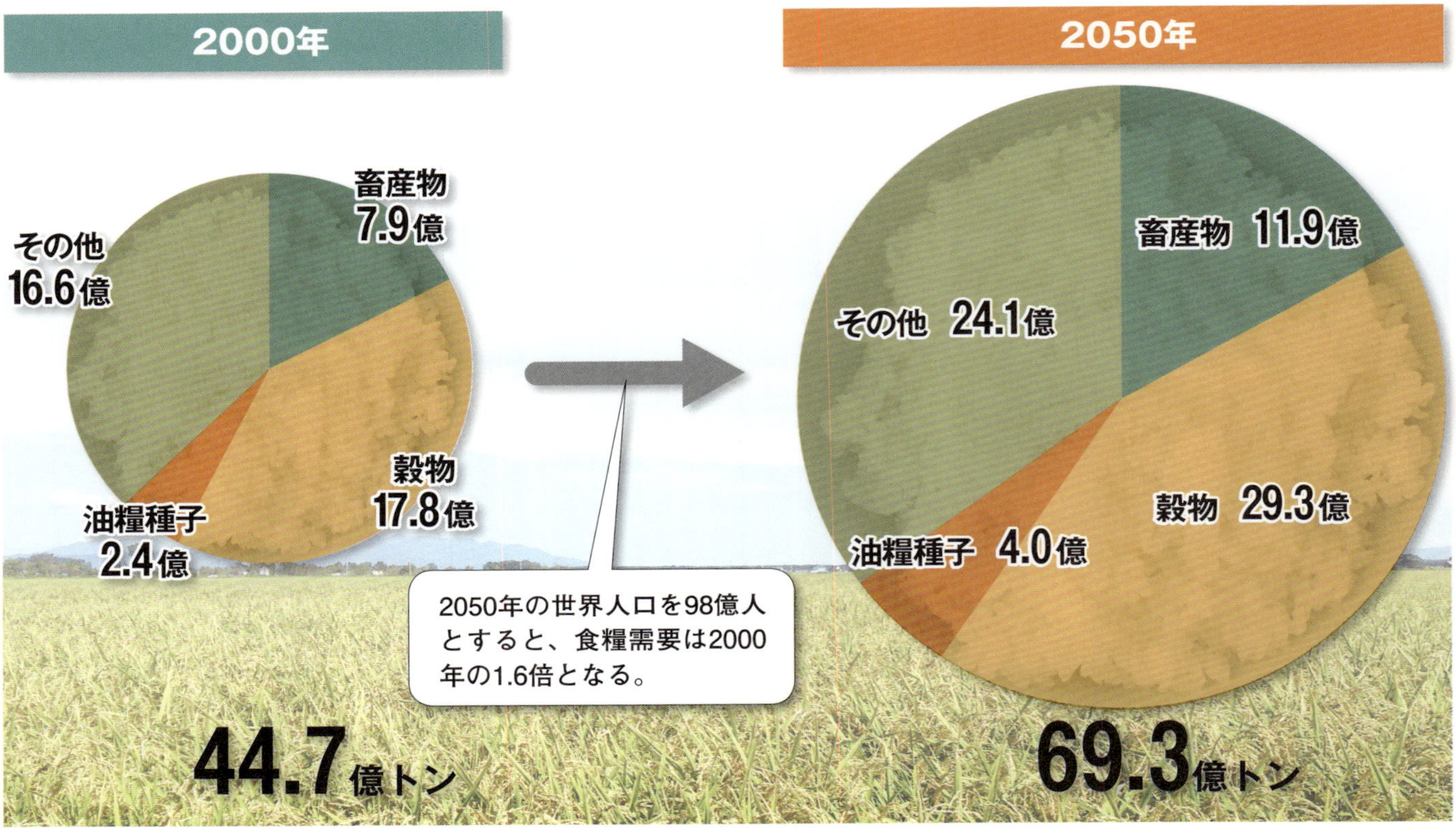
2000年
畜産物
7.9億
その他
16.6億
穀物
17.8億
油糧種子
2.4億
44.7億トン
2050年
畜産物 11.9億
その他 24.1億
穀物 29.3億
油糧種子 4.0億
69.3億トン
2050年の世界人口を98億人とすると、食糧需要は2000年の1.6倍となる。

２１００年、世界中で食糧争奪戦争が勃発!?

人類は増え続けており、２０５０年には98億人に達すると予想されている。その時、大きな問題になるのが食糧不足だ。

98億人が生きていくためには、69・３億トンの食糧が要る。２０００年の世界の食糧生産量は44・7億トン。つまり、**50年までに生産量を1・6倍に増やさなければならない。**１・６倍の増産ができるかどうか。答えはわからない。

さらに２１００年、世界人口は１１２億人になるとの予測がなされている。そこまで増えれば、飢餓問題が深刻になるだろう。近代以降、人類は石油をはじめとする資源をめぐって戦争を繰り返してきたが、将来は地球規模の食糧争奪戦争が勃《ぼっ》発《ぱっ》したとしても不思議はない。

食糧自給率40%未満という現在の日本の深刻さ

今後の世界の食糧事情を考えると、日本もうかうかしていられない。

日本の食料自給率は38%。これは先進国では最低だ。この状況で世界的な食糧危機が起こった場合、日本が危機に陥ることは目にみえている。**高齢化で離農が進み、農業人口が5年で2割も減少している**なか、自給率をどのように上げていくのか。これは日本人にとって大きな課題である。

食糧危機を救う新食材

培養肉
ウシやニワトリの幹細胞をシャーレで培養して人工的につくる。

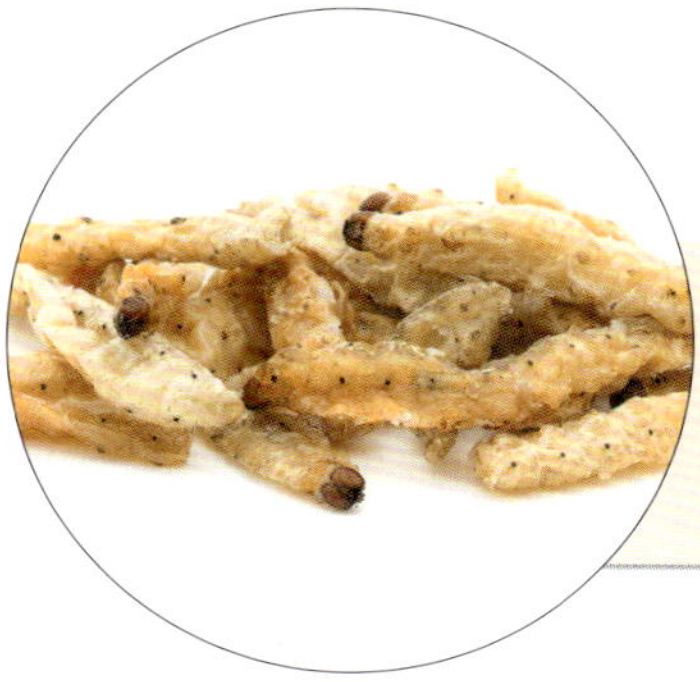

昆虫
繁殖力、環境適応能力に優れ、大量生産しやすい。蜂の子やイナゴが代表例。

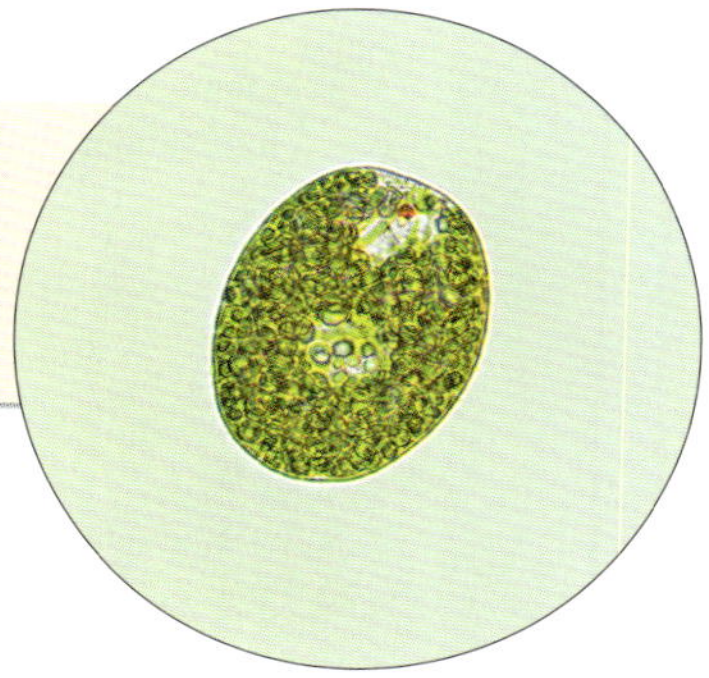

ミドリムシ
動物と植物の中間微生物。簡単に増やせて栄養価が高い。粉末状にして食べる。

空気
空気から二酸化炭素や水、微生物を取り出し、電気分解すると食糧ができる。

未来の農業

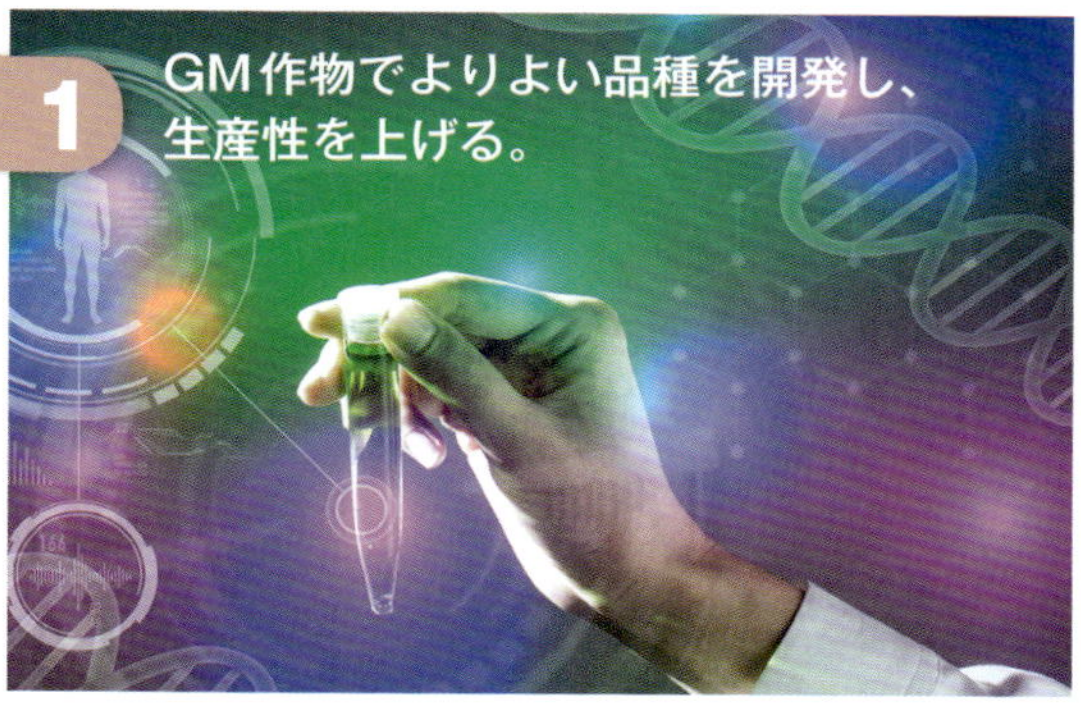

1 GM作物でよりよい品種を開発し、生産性を上げる。

2 ビッグデータやマーケティングの効果的な活用。

3 ロボットなどを使い、無人化を進める。

GM作物の導入、IT化などの農業改革が進む

食糧問題を解決すべく、農業改革が進んでいる。たとえば、**遺伝子組み換え作物（GM作物）**の開発だ。アメリカのモンサント社などがバイオテクノロジー技術を用いた品種開発を推進し、農業の効率化、生産量の増大を目指している。

IT化も見逃せない。**ビッグデータを活用**して水や肥料、殺虫剤の正確な量を特定したり、無駄なコストを削減するなど、農業を効率的に行なえるようにするのだ。ドローンやロボットを導入し、無人化を進める動きもみられる。

人工肉がまもなく食卓に並ぶ

新食材の開発も注目に値する。**培養肉（人工肉）**はウシやニワトリの幹細胞《かんさいぼう》を利用して生産する食材で、アメリカなどで開発が進められている。ジューシーさに欠けるものの食感はバッチリ。**2020年代から食卓に並ぶ**といわれている。

単細胞生物ミドリムシが世界の食糧危機を救う!?

日本ではユーグレナ社がミドリムシの大量培養に成功。**ミドリムシはビタミンからミネラルまで59種類もの栄養素を有する優れもの**で、粉末状にすれば食糧になる。量産できるようになれば世界を救う可能性を秘めている。

水ビジネスが2025年には、100兆円規模に！ 2050年には、世界の40%が水ストレスに陥る

水ストレスが世界を悩ませる

出典：国連環境計画

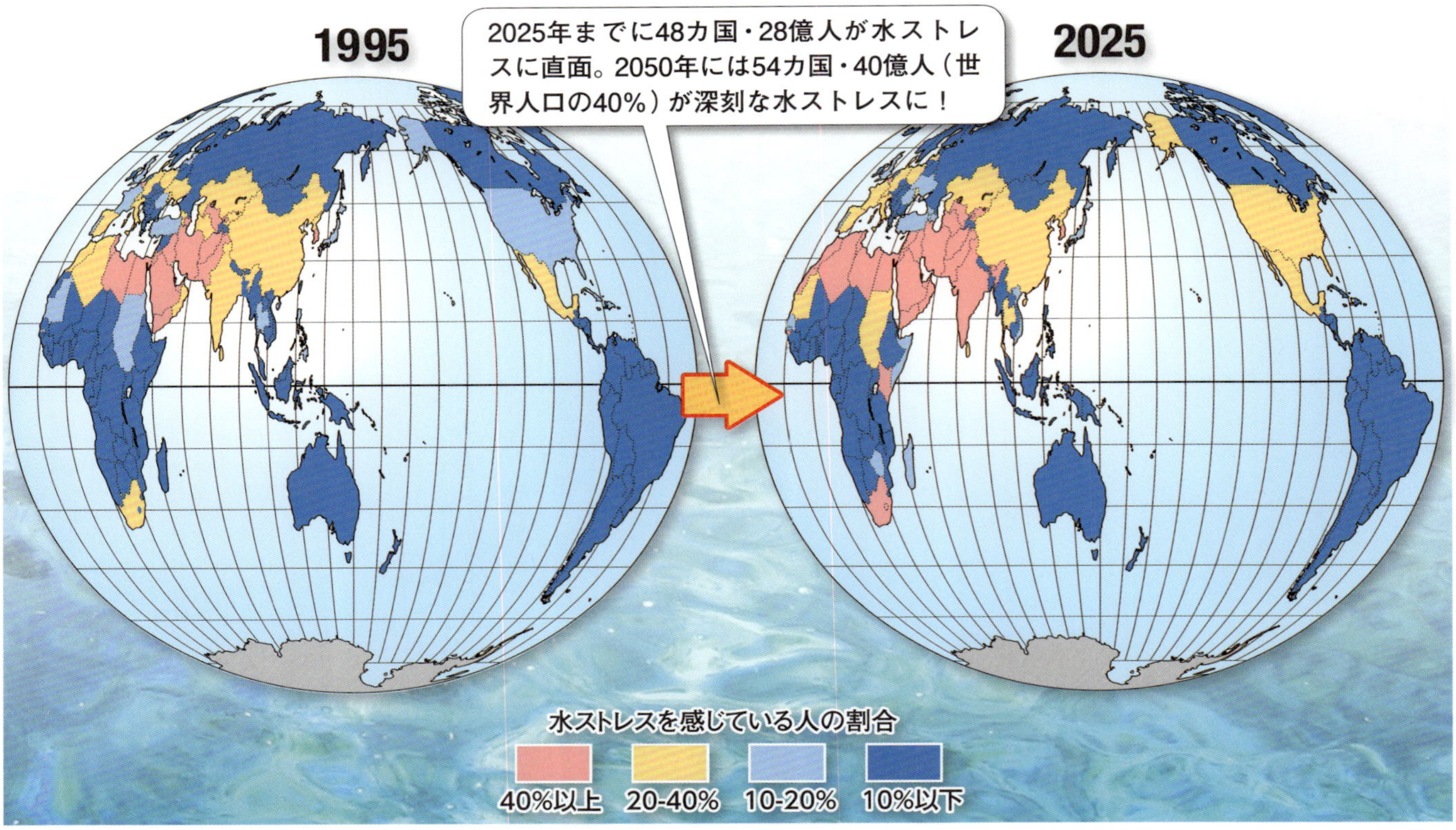
1995
2025
2025年までに48カ国・28億人が水ストレスに直面。2050年には54カ国・40億人（世界人口の40%）が深刻な水ストレスに！
水ストレスを感じている人の割合
40%以上
20-40%
10-20%
10%以下

水が足りない！ 水をくれ！ 2050年には水ストレスが蔓延

世界人口が増え続けている。また、どの国も農工業を中心に経済開発を進めている。それにともない、深刻な問題になりつつあるのが水不足だ。

地球上には約14億㎦の水が存在するが、約97・5%は海水で、淡水は2・5%しかない。そのわずかな淡水のうち、人間が利用できるのは0・01%にすぎず、世界の27億人が水の日常使用に不便を感じる**水ストレス**にさらされている。

国連によると、この水ストレスが今後上昇する。人口増加や農業用水の増加などによって水需要が逼迫《ひっぱく》していき、**2050年には世界の40%が水ストレスの状態に陥る**というのだ。

地球は「水の惑星」といわれるが、「使える水」に関しては必ずしも豊富でない。

20世紀は石油争い、21世紀は水紛争の時代に!?

限られた水をめぐって、世界各地で紛争が起こっている。たとえばアフリカや中東をみてみると、エジプトとスーダン、エチオピアがナイル川の水利権が原因でもめている。イスラエル、ヨルダン、レバノンによるヨルダン川の水紛争も深刻で、かつては中東戦争の要因にもなった。

20世紀には石油利権が原因で発生した戦争がいくつもあったが、21世紀は水をめぐる戦争が多

こんなに起こっている……水をめぐる紛争

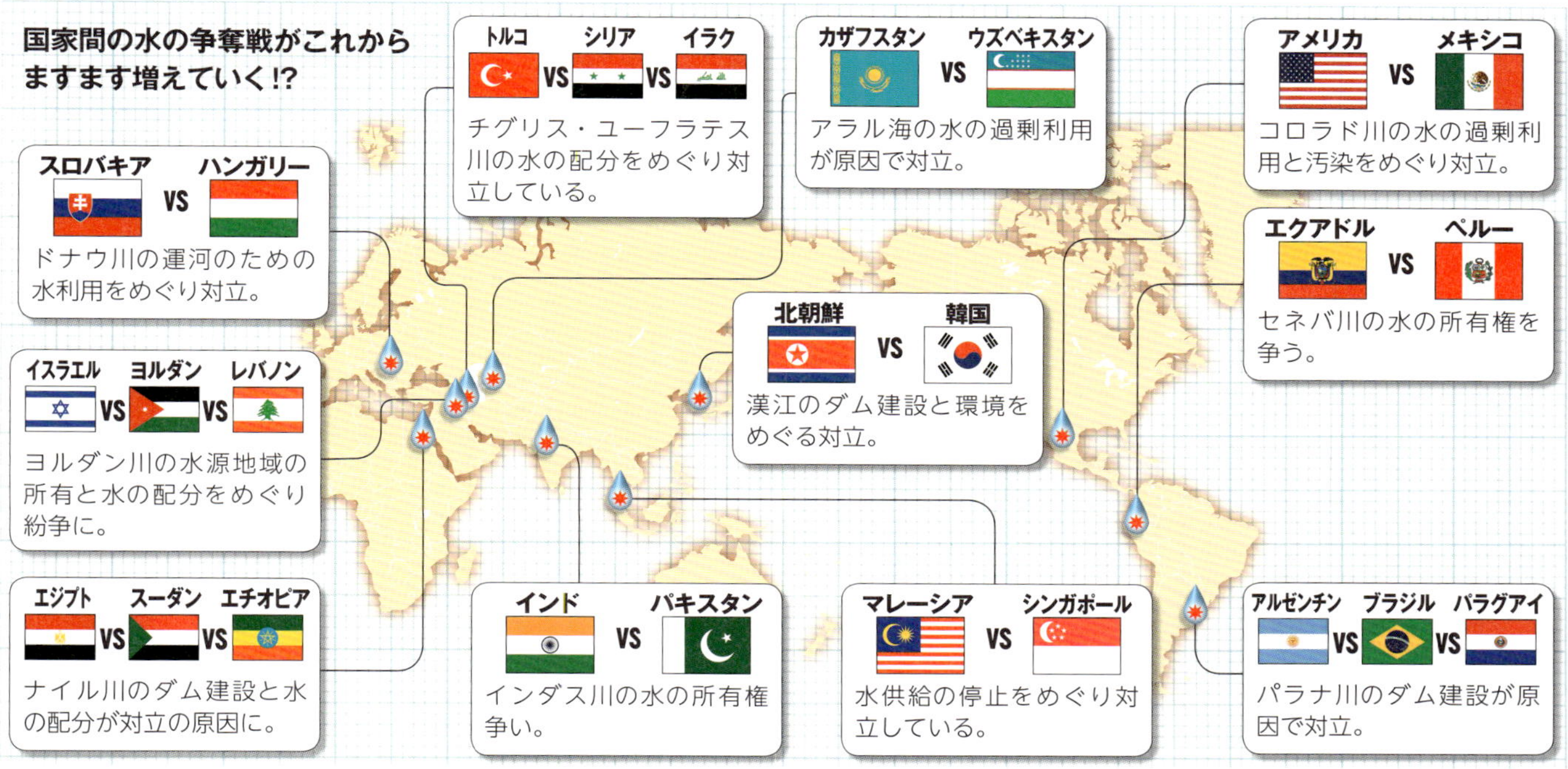

国家間の水の争奪戦がこれからますます増えていく!?
スロバキア VS ハンガリー
ドナウ川の運河のための水利用をめぐり対立。
トルコ VS シリア VS イラク
チグリス・ユーフラテス川の水の配分をめぐり対立している。
カザフスタン VS ウズベキスタン
アラル海の水の過剰利用が原因で対立。
アメリカ VS メキシコ
コロラド川の水の過剰利用と汚染をめぐり対立。
エクアドル VS ペルー
セネバ川の水の所有権を争う。
北朝鮮 VS 韓国
漢江のダム建設と環境をめぐる対立。
イスラエル VS ヨルダン VS レバノン
ヨルダン川の水源地域の所有と水の配分をめぐり紛争に。
エジプト VS スーダン VS エチオピア
ナイル川のダム建設と水の配分が対立の原因に。
インド VS パキスタン
インダス川の水の所有権争い。
マレーシア VS シンガポール
水供給の停止をめぐり対立している。
アルゼンチン VS ブラジル VS パラグアイ
パラナ川のダム建設が原因で対立。

水ビジネスが急成長中

将来の水不足を前に、海水の淡水化事業をはじめとする水ビジネス市場が急成長している。日本はこの分野に秀でており、塩分を分離して水だけをこしとるRO（逆浸透）法に用いる浸透膜の供給は、世界シェアの6割を占める。世界最大の電機メーカーGEや化学産業大手のモンサント社なども参入し、存在感を増している。

発するようになるかもしれない。

「水はタダ同然」というけれど、じつは水不足になりがちな日本

水不足は日本にも襲いかかる。日本ではどこにいても蛇口をひねれば水が出るため、水不足をなかなか実感できない。しかし、山がちな地形だったり、季節による雨量の偏《かたよ》りがあったりするため、決して水環境に恵まれているとはいえない。

また、日本は大量の農産物を海外から輸入しているため、多くの水を使わずに済んでいるが、この**輸入量に相当する水の年間使用量はなんと琵琶湖の2・5倍以上に及ぶ。**国内で自給しようとすると、たちまち水不足に陥るのだ。

水ビジネスは2025年に100兆円規模に成長

世界では水不足に備えてさまざまな対策を講じている。最も有名なのが海水を淡水化して使う技術で、すでにアメリカや中東、アフリカなどで実用化されている。

アメリカでは太陽電池を貯め、そのエネルギーを電気の透析で脱塩処理に採用する低コストの海水淡水化の技術が開発されている。さらに**太陽光エネルギーを使い、空気から水を取り出す装置の研究を推進中だ。**

こうした水ビジネスは、2025年に100兆円規模にまで成長するといわれている。

「仮想通貨」「電子マネー」いよいよキャッシュレス社会の到来！日本でも2025年をメドに一万円札が廃止される!?

世界のキャッシュレス先進国

出典：電商報

順位	国名	特徴
1位	カナダ	電子マネー決済率が6割近くに達し、仮想通貨の利用にも積極的な国である。
2位	スウェーデン	スウィッシュというモバイル決済の人気が高い。
3位	イギリス	硬貨が12種類もあるため、早くからキャッシュレス化が進んだ。
4位	フランス	電子マネー決済率は59%で、スウェーデンと並んで世界一となっている。
5位	アメリカ	クレカの保有数は世界一。仮想通貨導入にも熱心。
6位	中国	クレカでの支払いは10%程度だが、アリペイなどのモバイル決済が浸透している。
7位	オーストラリア	デビットカードの普及率が高い。また、仮想通貨を使うと消費税が無税になる。
8位	ドイツ	政府は仮想通貨に慎重な姿勢を示しており、ヨーロッパでは比較的現金使用が多い。
9位	日本	クレカ使用やモバイル決済の認知度が低く、先進国では最も現金主義的な国の1つ。
10位	ロシア	給与を電子マネーで支払う案が出されている。

デンマークでは2030年に現金が廃止される！

現金を使わずに決済を行なう「キャッシュレス化」が世界的に進んでいる。クレジットカード、電子マネー、仮想通貨などの利用比率が上がり、現金のやりとりが少なくなっているのだ。

最近、急速に存在感を増してきているのがビットコインやリップル、イーサリアムなどの**仮想通貨**。これはインターネット上でデータ化された通貨のことで、世界中どこでも使うことができる。一方、現金をスマートフォンやカードにチャージ（入金）して電子化したものを電子マネーといい、現時点では仮想通貨より普及率は高い。

これらの決済手段を用いてキャッシュレス化を進めている代表国としては、カナダがあげられる。電子マネーでの決済率が6割近くに達し、仮想通貨も積極的に利用している。スウェーデンは**スウィッシュ**というモバイル決済が広く浸透し、現金使用率はわずか2%しかない。同じ北欧のデンマークでも店舗での現金のやりとりはほとんどみられない。そして現在、同国の通貨**デンマーク・クローネを段階的に廃止する**動きが始まっており、2030年には完全に発行停止となる予定だ。

アメリカではペイパルが普及し、オンライン決済が超便利

アメリカでは**ペイパル**というクレジットカー

仮想通貨の普及を促すブロックチェーンとは？

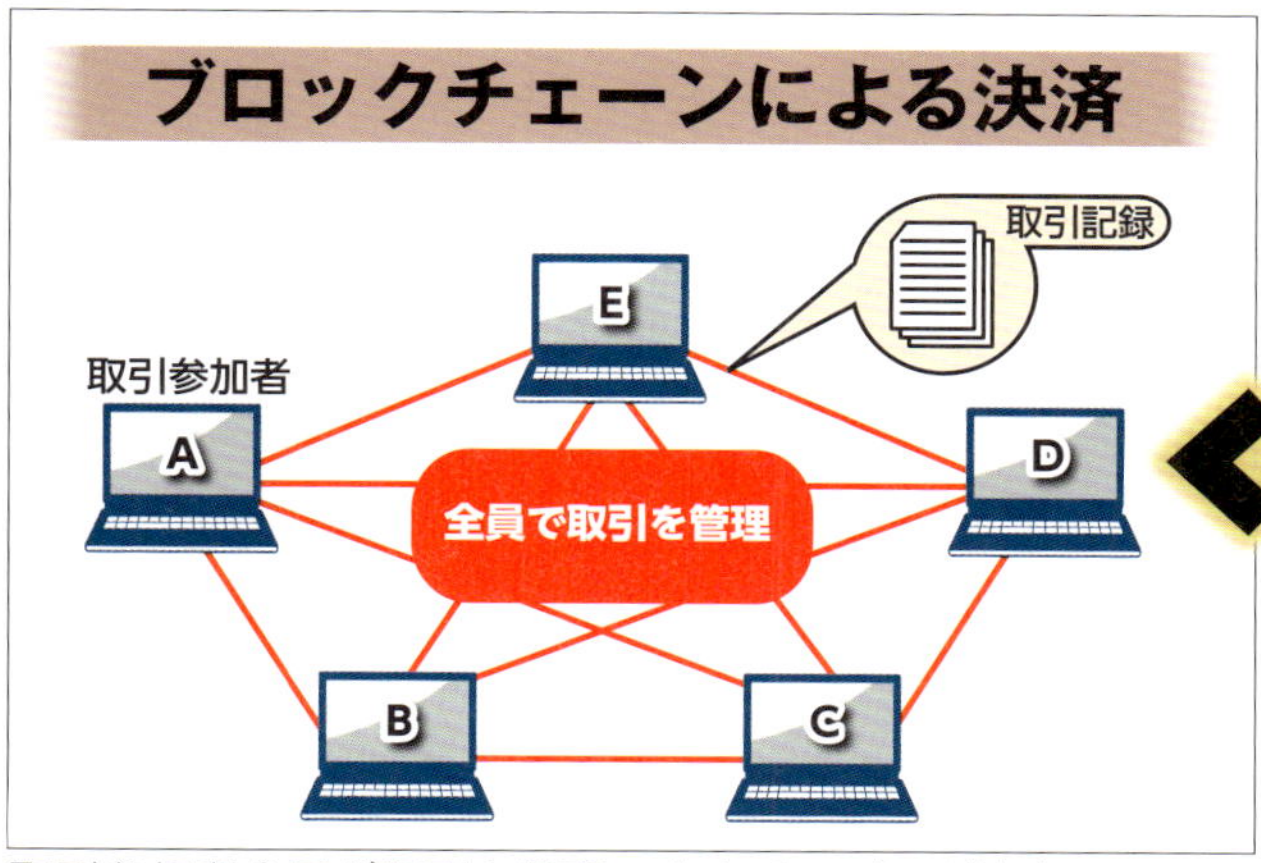

取引参加者全員が取引を管理。中央サーバーが存在しないため、一部が乗っ取られたとしても全体に支障はない。

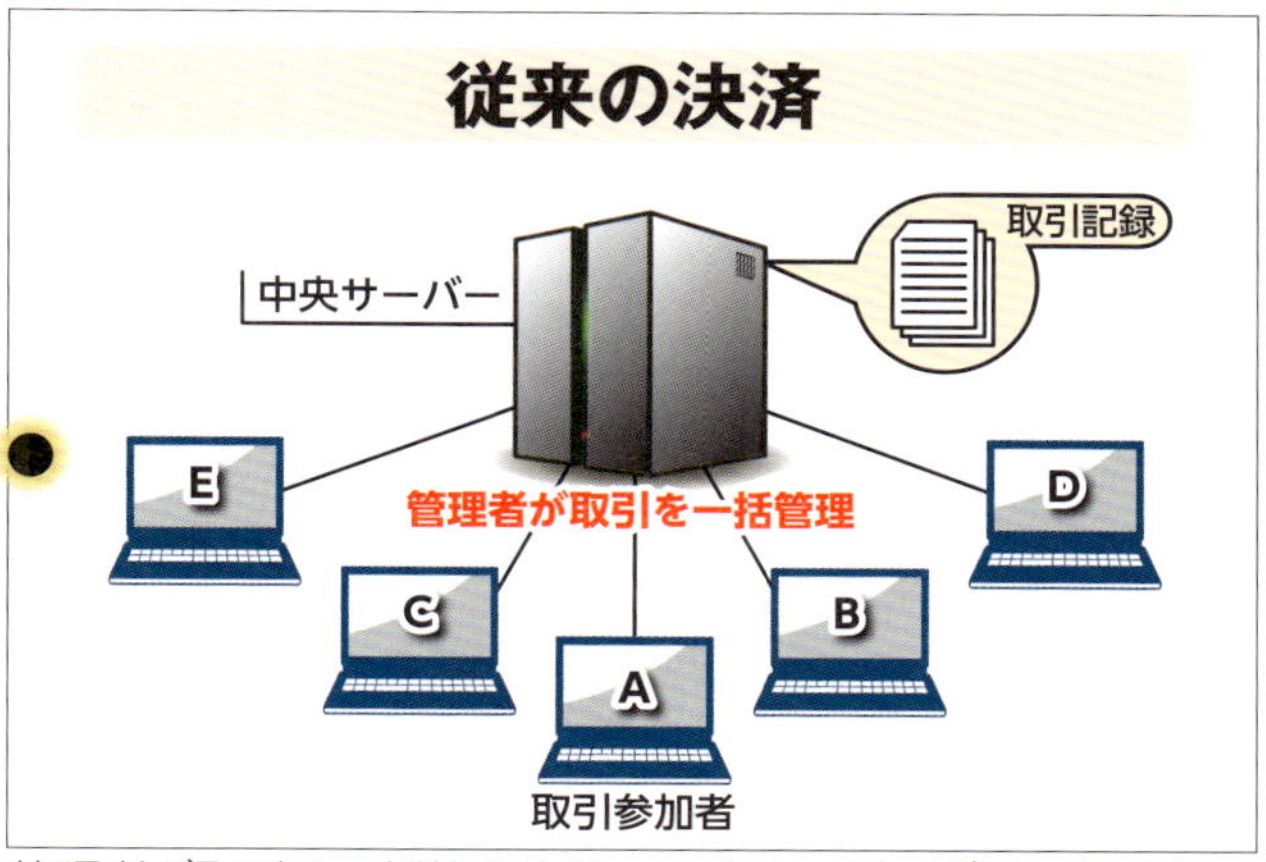

管理者が取引を一括管理する。中央サーバーが乗っ取られてしまうと、取引全体に支障をきたす。

進化する仮想通貨決済

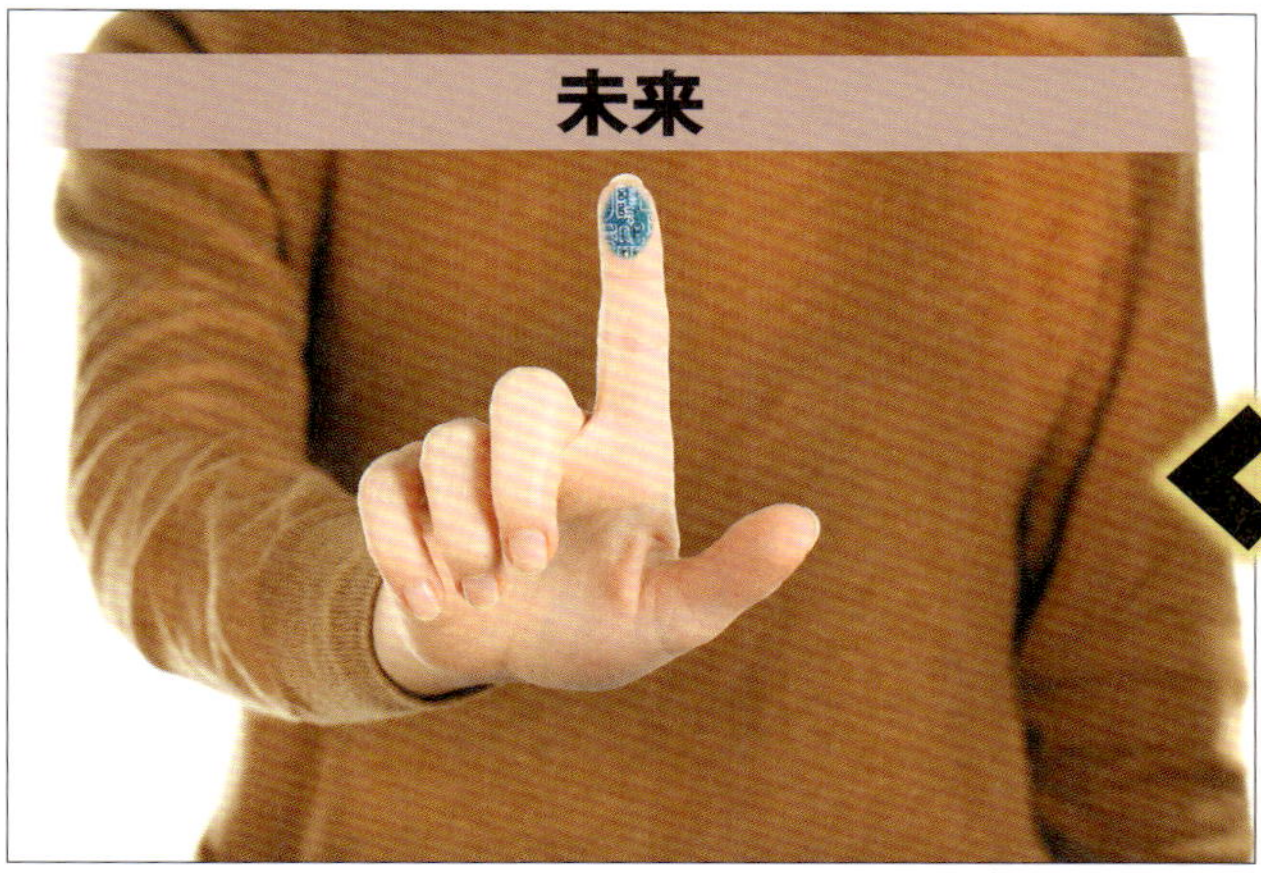

人体に仮想通貨の情報を入れたマイクロチップを埋め込み、決済を行なう。

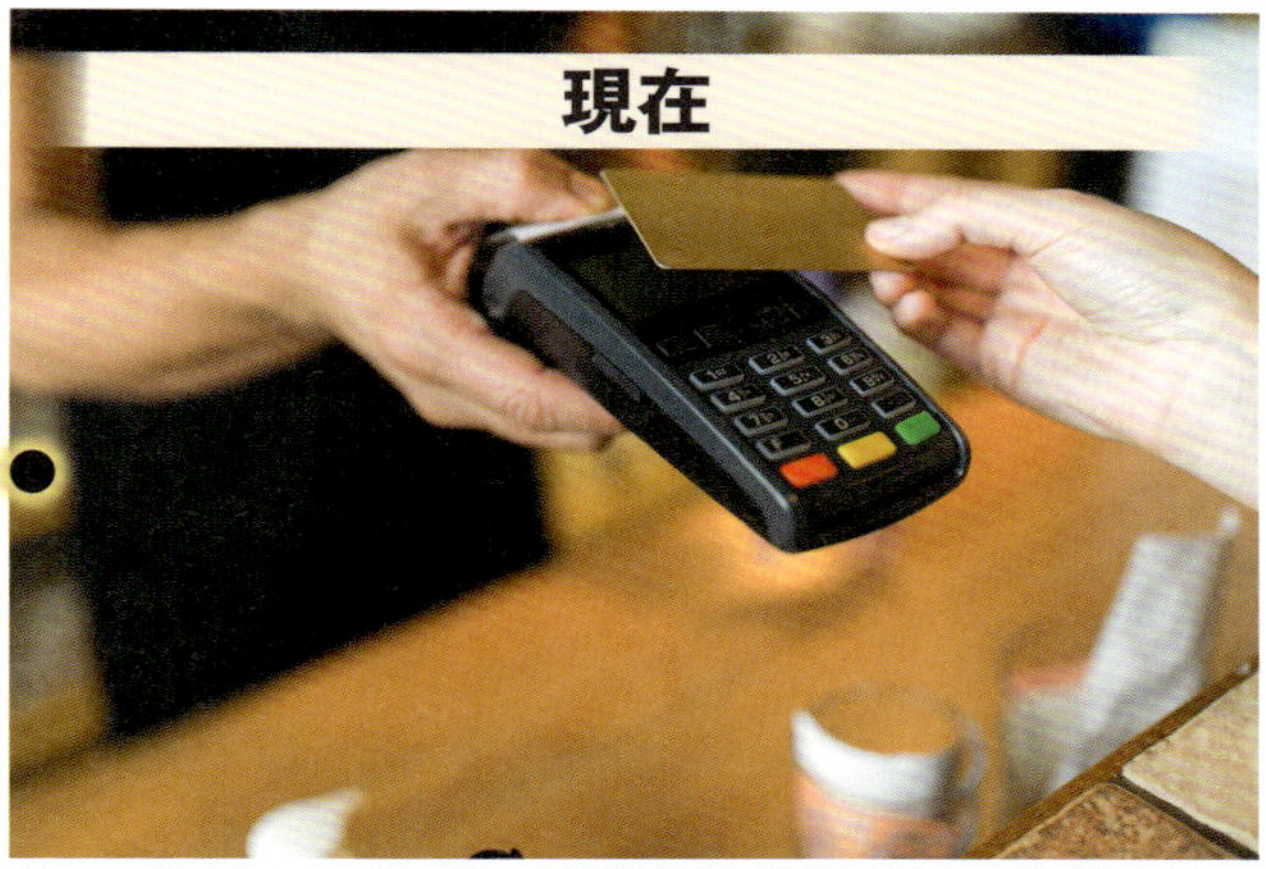

スマホやICカードなどに仮想通貨の情報を入れて決済する。

ドでのオンライン決済サービスが普及。若い頃からカード決済を習慣にしている人が多いため、キャッシュレス時代の到来も早いだろう。

アリペイが中国のみならずアジア全域の決済を変える

中国で爆発的に広がっているのが、アリババ・グループの子会社が運営する電子マネー**アリペイ**だ。中国ではニセ札が多く出回っていることもあり、スマートフォンを用いたモバイル決済が普及した。アリペイは携帯電話の電話番号を口座番号として使うことができ、手数料ゼロ、特別な審査なしで送金可能なため、8億人が利用している。**ウィーチャット**という電子マネーを合わせると、利用者は10億人。**中国はアジアではいち早くキャッシュレス社会に移行しそうだ。**

現金主義が強い日本で一万円札廃止の動き

世界がキャッシュレス社会へと向かうなか、日本は少し遅れをとっている。日本人は現金信仰が根強く、先進国のなかでは最も現金決済の比率が高いのだ。現在、国内に90兆~100兆円の現金が流通しており、この量は世界的にみても群を抜く。**2025年をメドに一万円札を廃止しようという動きがある。**また、電子マネーの普及も進んでいるが、キャッシュレス社会が実現するまでにはかなり時間がかかりそうだ。

COLUMN

明治時代の100年後予測②

1901年に発表された「報知新聞」による予言記事。全23項目の予言のうち、22ページでは的中したものを紹介したが、残念ながら(?)100年以内に実現しなかったものもある。ここでは、未実現の予言をいくつか紹介しよう。

人の身長が運動術や外科手術を施すことによって6尺（180cm）以上になる。

「獣語」の研究が進み、人と犬や猫、猿が自由に会話できるようになる。

天災を予知できるようになる。台風が起こっても、大砲を空中に撃つことで雨に変えられる。

サハラ砂漠が肥えた平野になり、地球の東半分では中国・日本・アフリカが文明の中心になる。

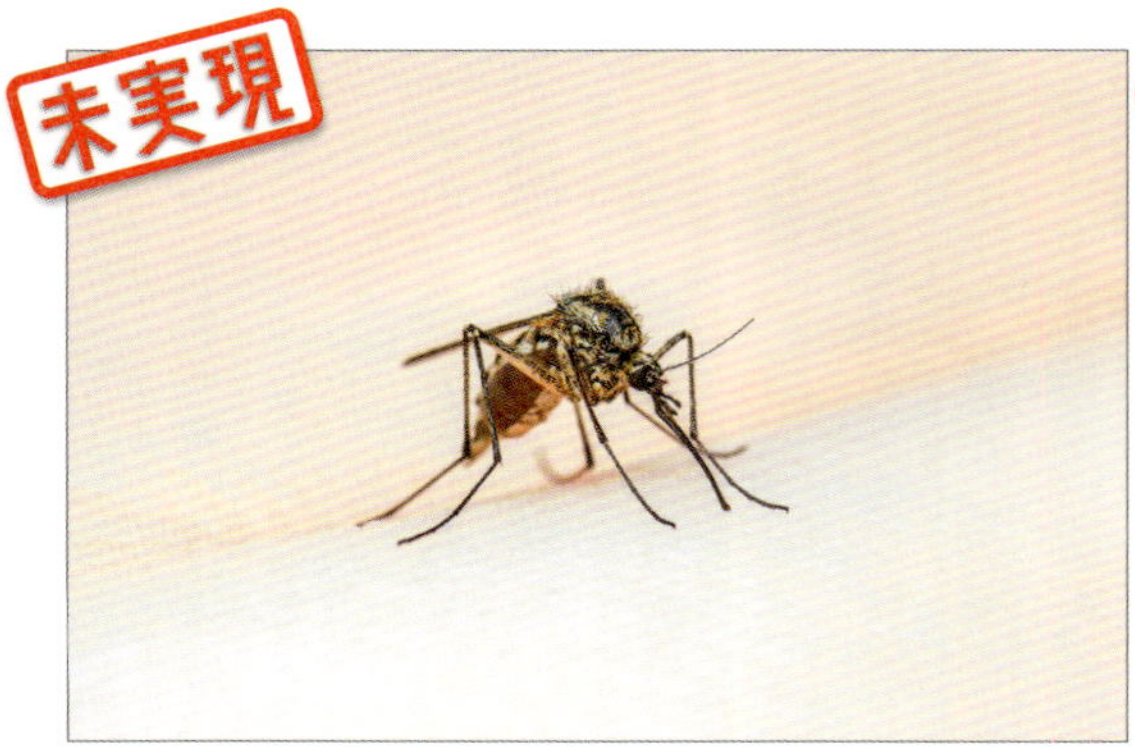

衛生状態がよくなり、蚊やノミが絶滅する。

ライオンやトラ、ワニなどの野獣が絶滅。生き延びた野獣も博物館でしか見られなくなる。

Chapter

3

科学・医療技術は こぅ変わる！

2010

2019

- 線虫を使ったがん検査が実用化される
- ナノマシンによるがん治療が実用化される

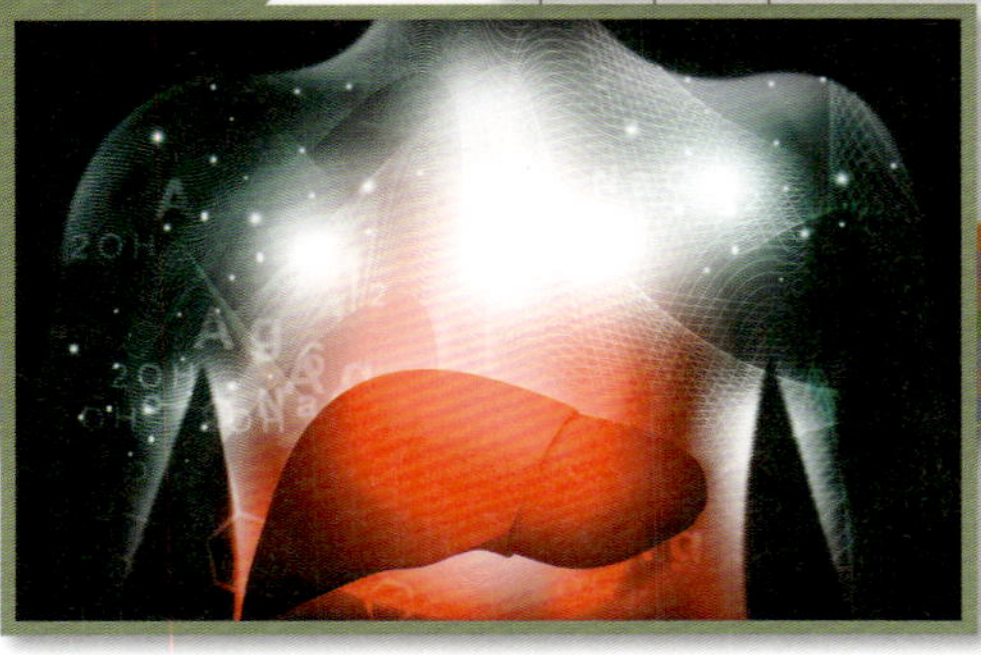

2020

2020

- アジア太平洋諸国の軍事予算が５０１０億ドルに達する
- 世界の抗がん剤市場が１５３０億ドルになる（２０１４年は７９２億ドル）
- iPS細胞の技術を利用したがん治療薬の臨床実験が始まる
- 再生医療による薄毛治療が実用化する
- 再生医療でつくった細胞シートが発売され、皮膚の火傷を治療できるようになる
- ES細胞から作った再生医療用の肝細胞が製品化される

2023

- 世界のゲノム編集市場が70億ドルの規模に成長する

2024

- 軍事用ドローンの世界市場が１００億ドル以上の規模に成長
- 再生医療でがん化した移植細胞を検出する技術が実用化される

2025

- オミックス医療によるがん治療が実現する
- 糖尿病、高血圧、動脈硬化性疾患などの生活習慣病に対するオミックス医療が実用化する
- アメリカの民間有人宇宙船が火星に到着する
- 月で水資源の開発が始まる
- 人間と同等に特定の任務をこなす軍事ロボットが開発される

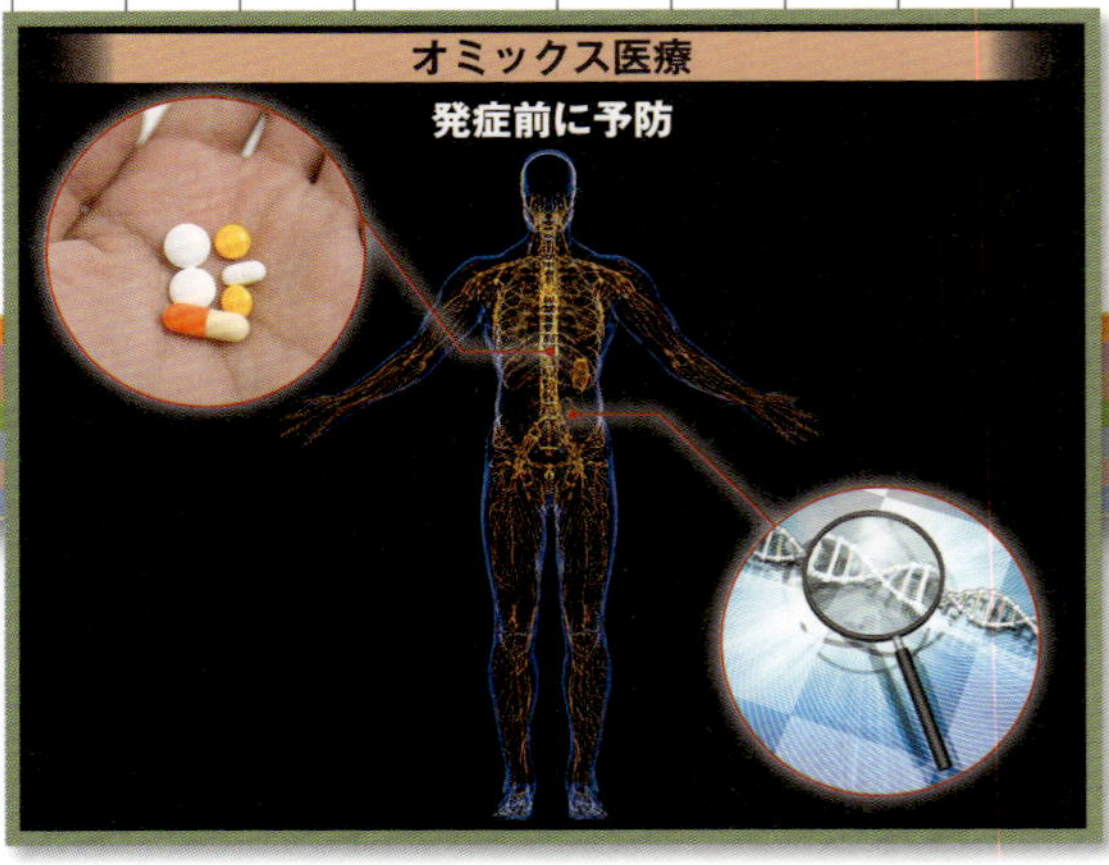

2027

- 戦場で3Dプリンターを用いた食糧調達が可能になる
- 開発途上国のがん死亡者数が約80％増加する
- デザイナー・ベビーの技術が完成する
- オミックス医療と健康診断データを併用した予知医学が実現する

2028

- 分子モーターを利用した高効率のエネルギー変換技術が確立する
- 国際宇宙ステーション（ISS）の運営が終了する

2029

- アメリカが月の上空に宇宙基地を建設。日本政府もこれに参加する
- ゲノム編集による遺伝子治療が実用化する

2030

2030

- 日本人宇宙飛行士による月面探査が実現する
- ロシアが月の南極に有人基地を建設する
- AI（人工知能）や量子コンピュータなどの先端技術が軍事分野に予測不能な変化を生じさせる
- 日本人の平均寿命が男性82・75歳（世界11位）、女性88・41歳（世界3位）になる（2016年は男性80・98歳、女性87・14歳）

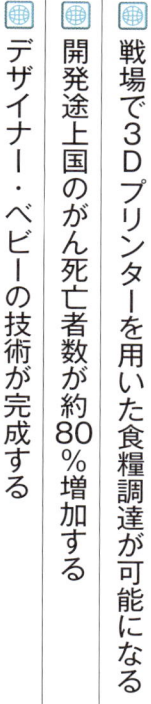

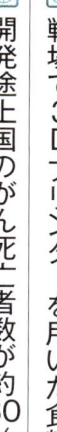

2030

2030

- 世界のがん患者数が2000万人を超える（2012年は1400万人）
- 移植用iPS細胞の備蓄（iPS細胞ストック）を利用した再生医療体制が実現
- 再生医療で肌が若返るアンチエイジングが一般的になる
- 人間の脳とクラウドを直結できるようになる

2033

- 中国の肺がん患者数が1800万人に達する

2035

- オミックス医療が一般にまで普及する
- 日本のがん死亡者数がこの頃まで増え続ける
- 中国がアメリカの軍事力を上回る
- 分子モーターを利用した高効率のエネルギー変換技術が実用化する

2037

- イギリス惑星間協会による1000万人収容のスペースコロニーが完成

2050

2050

- 80歳以下のがん死亡者数がゼロになる
- 日本の大林組が宇宙エレベーターを実現する
- 中国が有人火星探査を実施する
- iPS細胞で臓器を丸ごとつくれるようになる
- 再生医療製品の市場が世界で38兆円、日本国内で2兆5000億円に拡大する

2060

2060

- アメリカのスペースX社が火星に100万人を移住させる

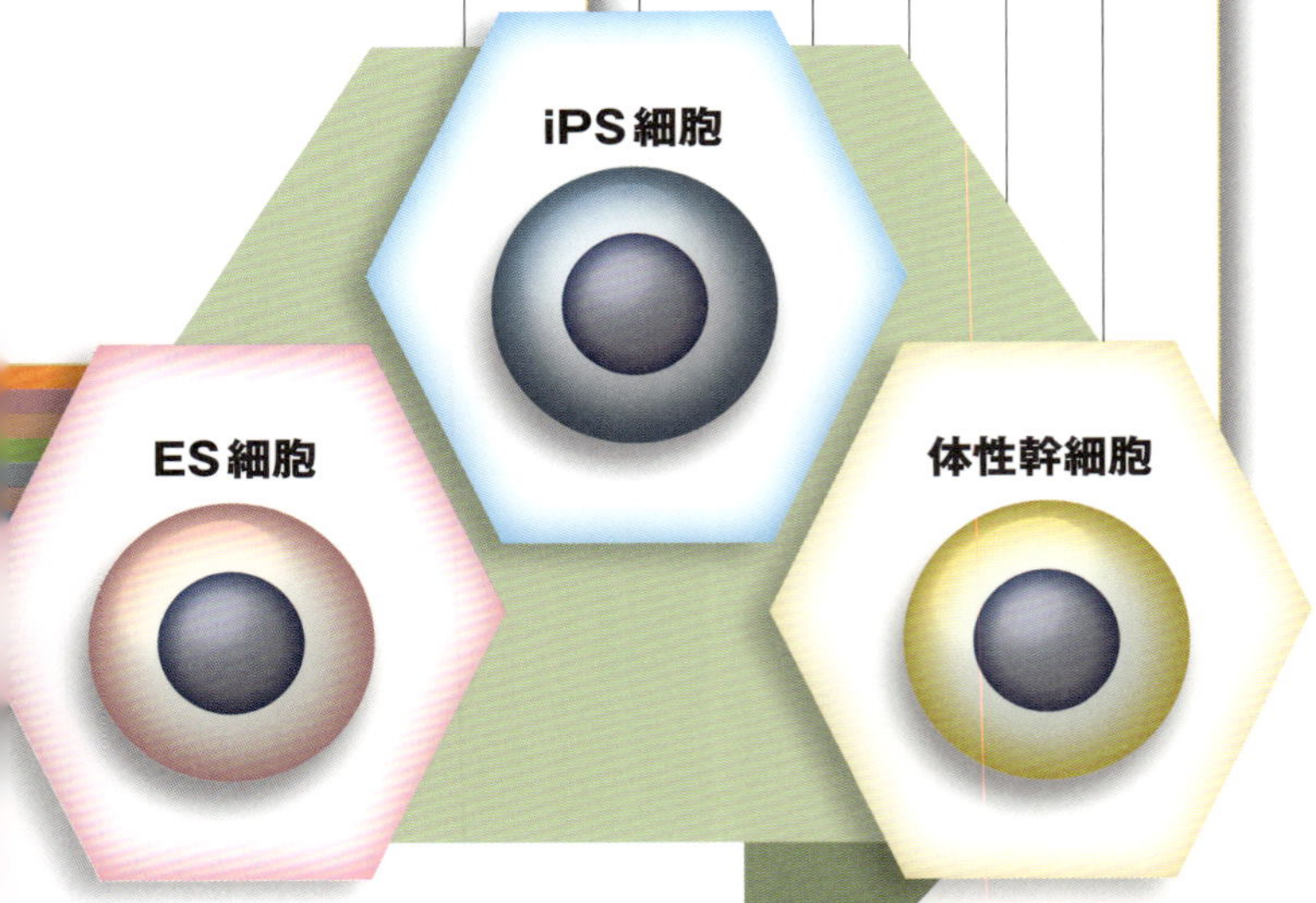

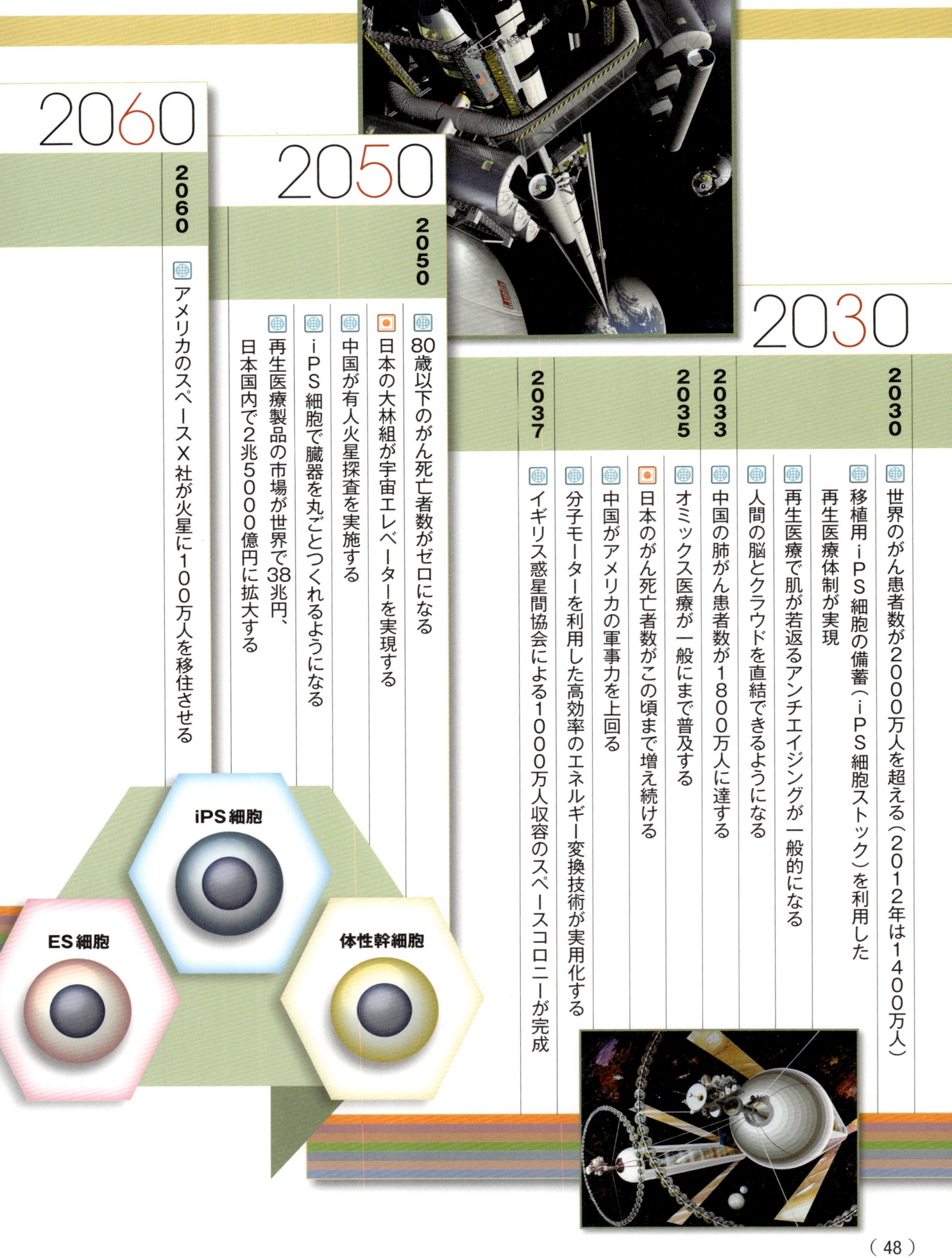

2100

2100
先進国の平均寿命が120歳に達する

宇宙人が発見される

2117
アラブ首長国連邦が火星に都市を建設する

2200

2218
全身をサイボーグ化できるようになる

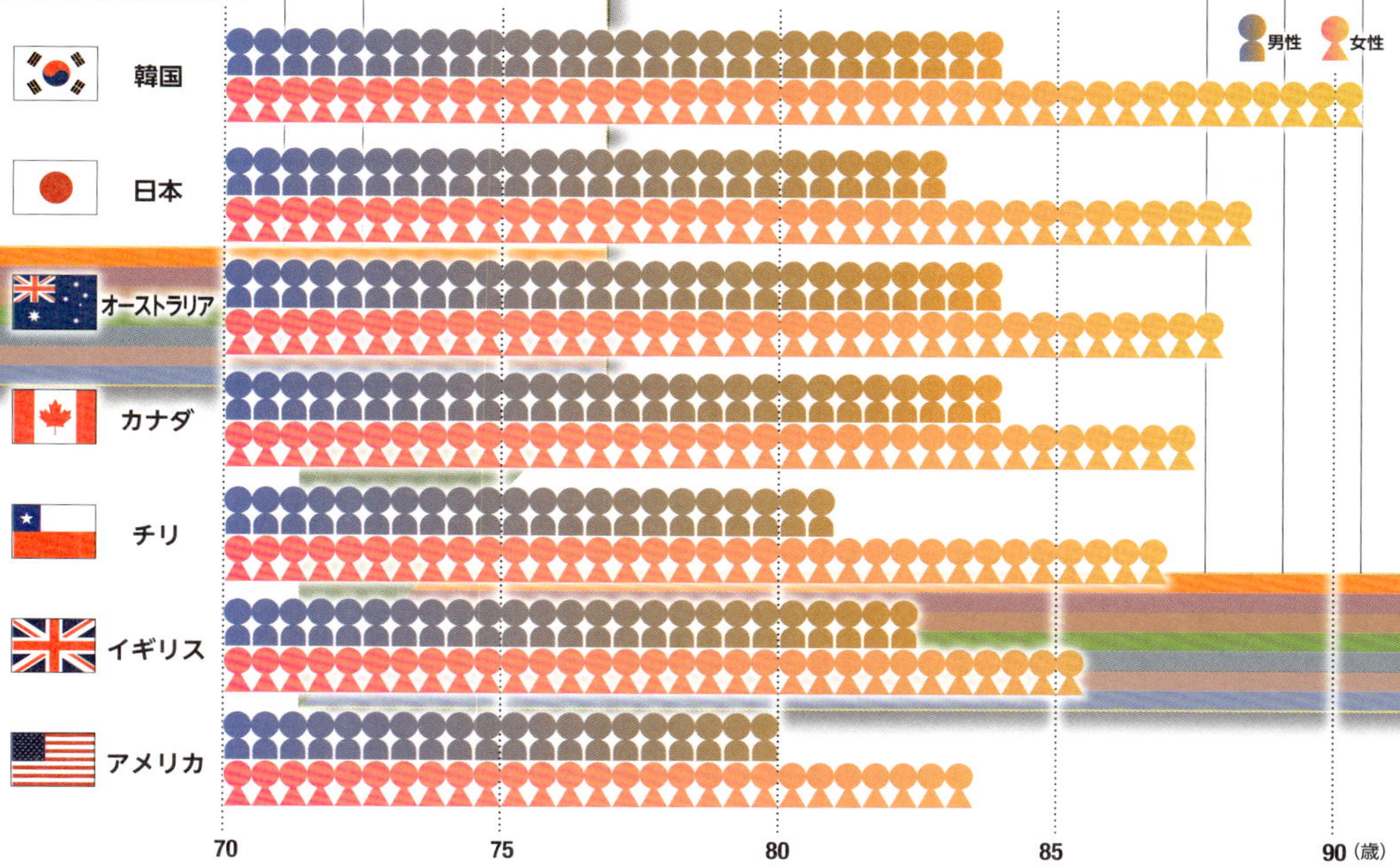

男性
女性
韓国
日本
オーストラリア
カナダ
チリ
イギリス
アメリカ
70
75
80
85
90（歳）

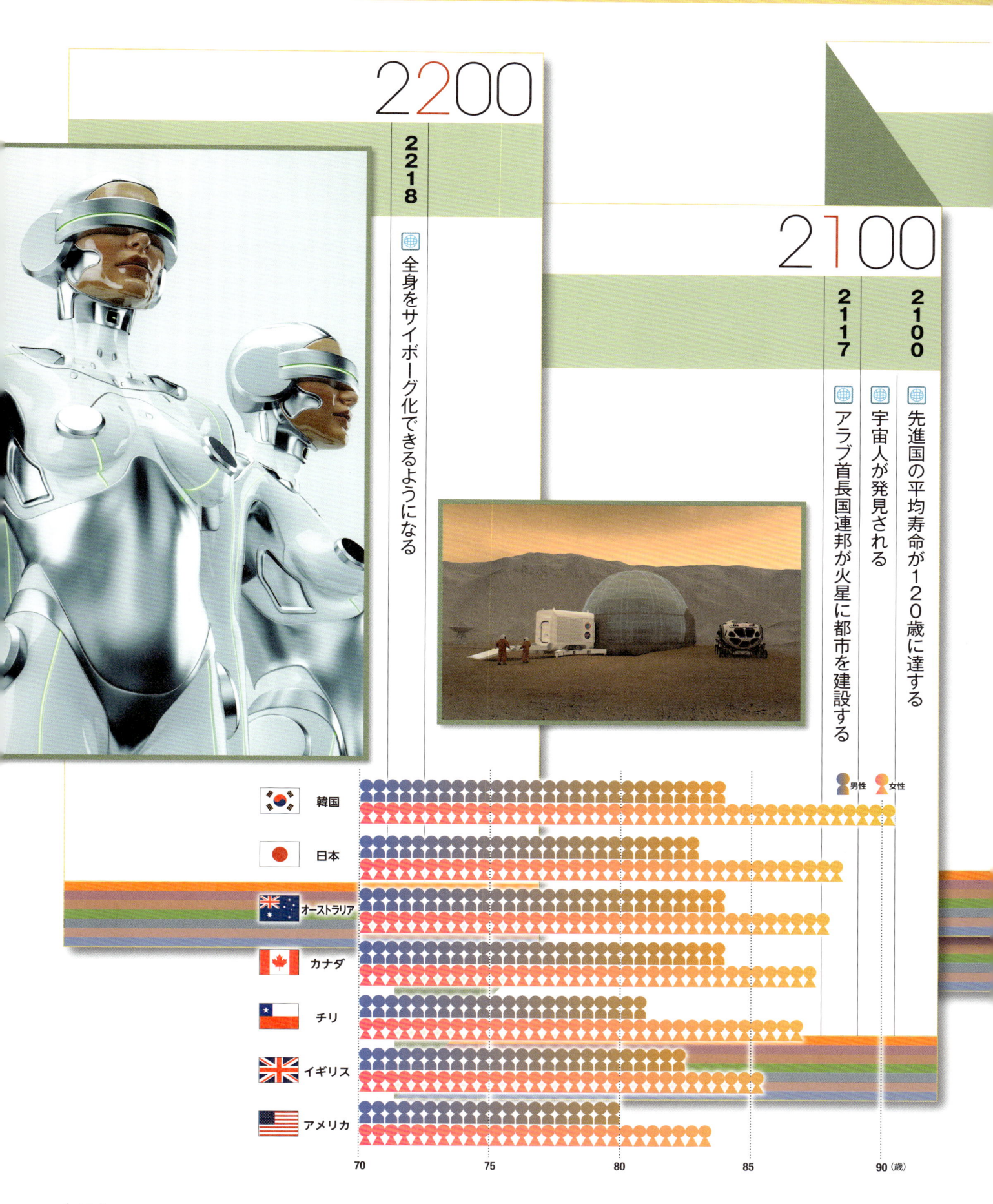

「テラフォーミング」「宇宙エレベーター」宇宙開発が活発化！日本も2030年に宇宙飛行士による月面探査を実現!?

ロケット打ち上げは米・露・中がリード……次代の宇宙大国は？

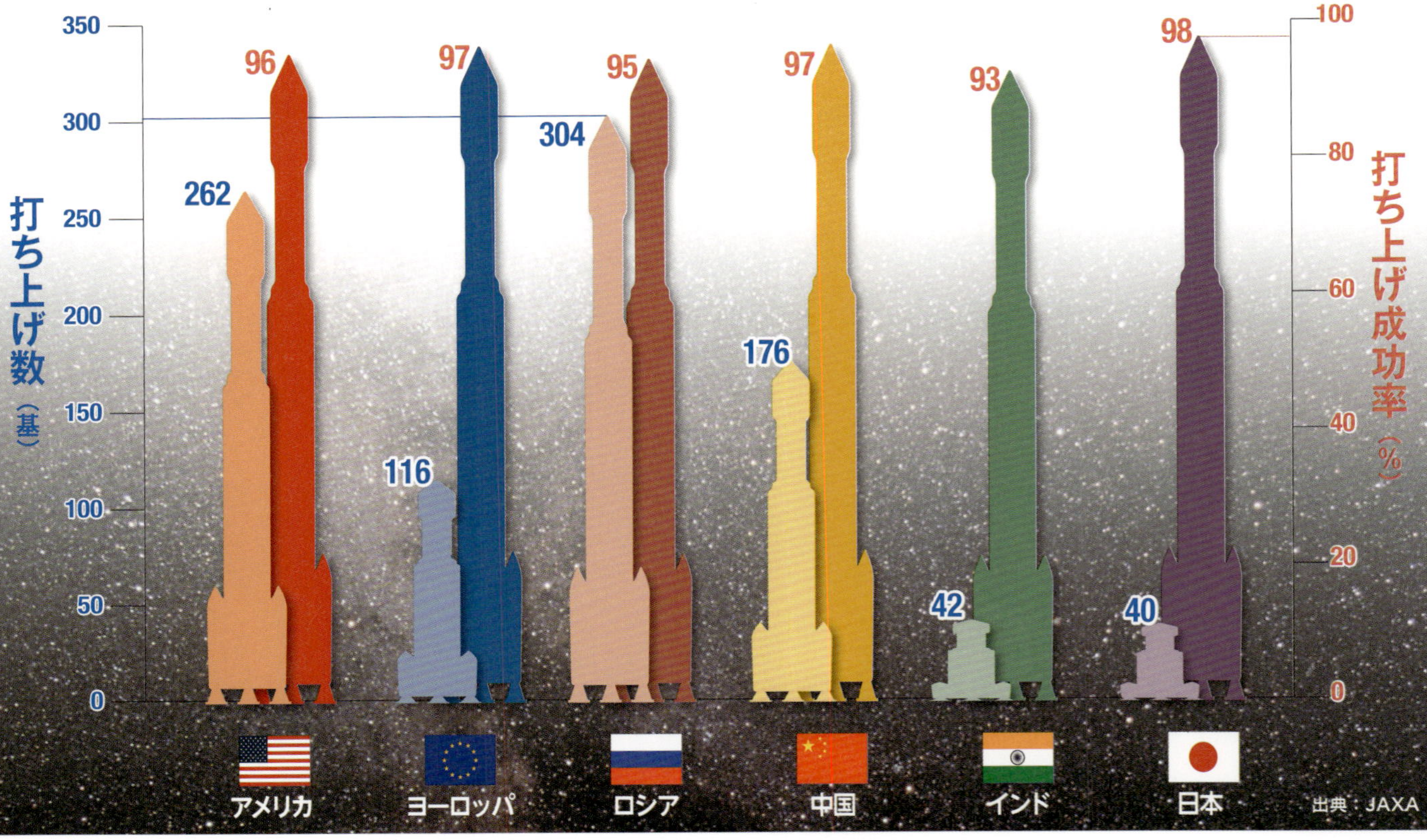
打ち上げ数（基）
打ち上げ成功率（％）
350
300
250
200
150
100
50
0
100
80
60
40
20
0
262
96
116
97
304
95
176
97
42
93
40
98
アメリカ
ヨーロッパ
ロシア
中国
インド
日本
出典：JAXA

アポロ計画よ再び！ アメリカが月・火星探査を計画

1969年7月、アメリカのアポロ計画で人類が初めて月に降り立つと、世界中が熱狂の渦に包まれた。それから約半世紀が経ち、再び各国の宇宙開発が活発化してきている。

2017年には**アメリカのトランプ大統領が月に宇宙飛行士を送り込むことと、火星で有人探査を行なうことを明言。**まず月に基地を建設し、そこを拠点に火星飛行を準備するという。

大林組による宇宙エレベーターが2050年に実現!?

アメリカの月面有人探査プロジェクトには日本も関わっており、**2030年に日本人宇宙飛行士による月面探査の実現**を目指している。日本は宇宙開発分野で他国に遅れをとってきただけに、ここからの巻き返しが期待される。

月面探査よりスケールの大きな宇宙開発も構想されている。その1つが**宇宙エレベーター**。赤道上の高度3万6000㎞の地点に宇宙ステーションをつくり、そこから地上へ下ろしたケーブルにエレベーターを設置するというものだ。

ケーブルには軽くて鉄の100倍以上の強度をもつ素材が必要だが、カーボンナノチューブという素材が見つかったことで現実味が増した。日本の大林組は**2050年の完成を目指してプロ**

未来の宇宙プロジェクト

スペースコロニーは20年後に実現可能！

スペースコロニーは人類の宇宙移住方法の1つとして注目されている。夢のような話に思えるが、イギリス惑星間協会によると、10年後に計画をスタートすれば20年後には1000万人収容のコロニーが完成するという。

2050年にはエレベーターで宇宙へ

日本のゼネコン大手、大林組は総延長9.6万kmのケーブルで地球と宇宙をつなぐプロジェクトを推進中。2050年の完成を目指している（画像はNASAのもの）。

COLUMN イーロン・マスクの火星移住計画

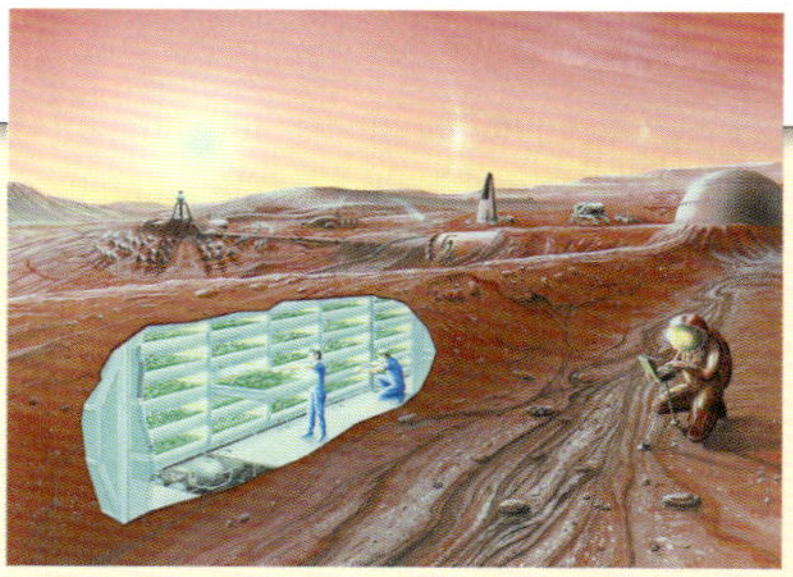

スペースX社のイーロン・マスクは100万人の火星移住計画を進めている。現在の計画では、2019年までに乗組員の選別・訓練、システム開発を済ませ、その後、24年までに宇宙船とロケットをテスト。そして30年代前半に乗組員を火星に送り、60年代までに100万人を移住させるという。計画がうまくいくかは不明だが、彼が本気なのは間違いない。

ジェクトを推進。実現が期待される。

ガンダムでおなじみ スペースコロニーが20年後に実現!?

スペースコロニーは1974年にジェラルド・オニール氏が提唱した宇宙移住計画。アニメ『機動戦士ガンダム』に登場することでも有名だ。宇宙空間に円柱形やリング状などの巨大な居住地を建設し、重力を発生させることによって、人類は地球と同じような環境で暮らせるようになる。

イギリス惑星間協会によると、その気になれば**20年後には1000万人収容のコロニーを完成させられる**という。

地球よ、さらば！ まもなく人類の火星移住が可能になる!?

スペースコロニーの発展形といえるのが**テラフォーミング**である。地球に似た惑星や巨大衛星を人類が住めるように改造するというもので、惑星地球化計画ともいわれる。

テラフォーミングの第一候補は火星。太陽光を利用して極冠《きょくかん》の氷をとかし、温室効果で気温を温かく保つ、藻類を育てて酸素をもたらすといった方法が検討されている。

これまでは数百年先の話といわれてきたが、**数十年以内の実現構想を掲げる企業が現れ、夢物語が現実味を増してきた。**

最先端技術を駆使し、戦場からヒトが消える!? 防衛費の拡大で、日本でも次世代兵器の導入が進む

未来の兵士はこんな姿に

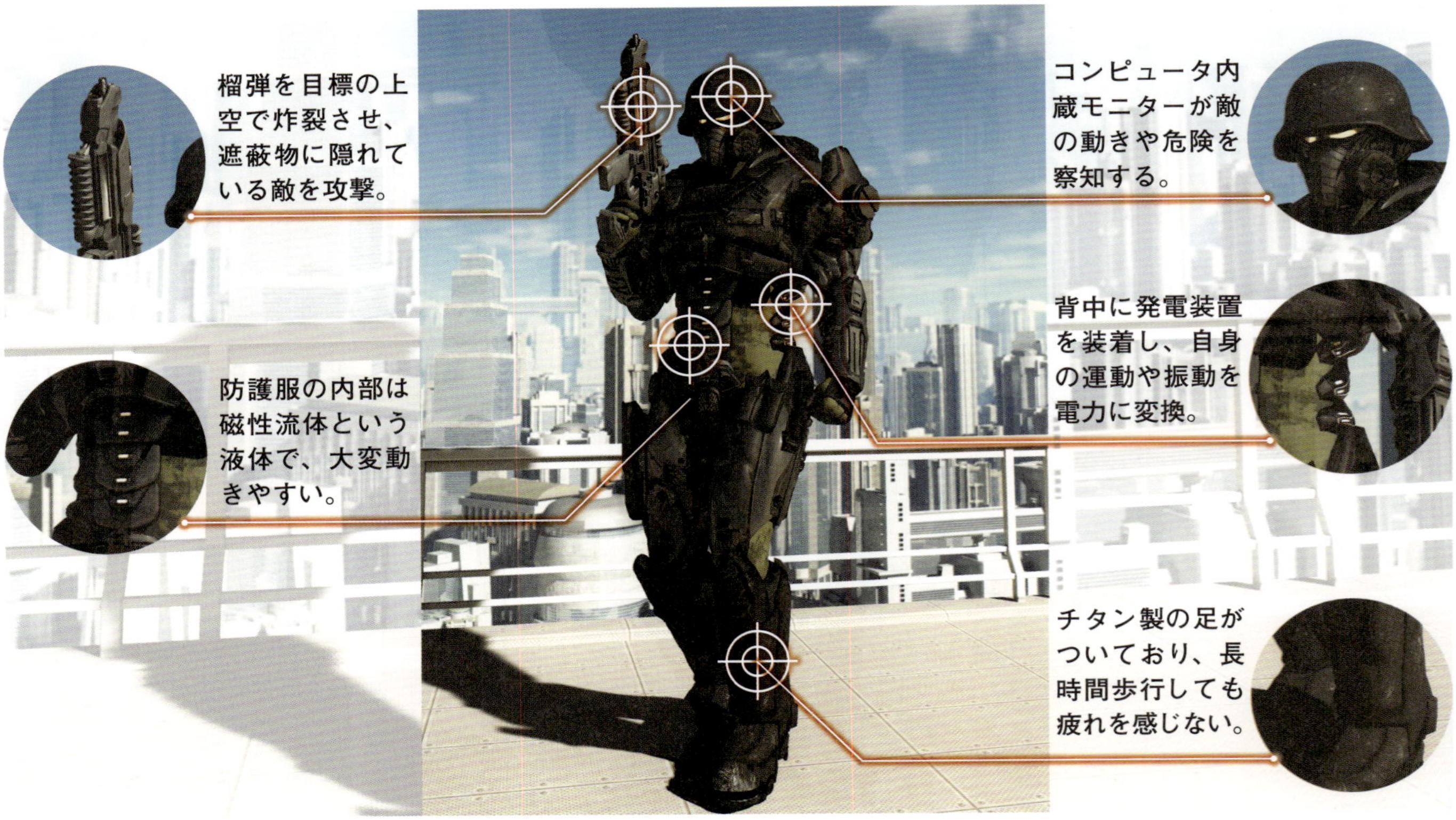
榴弾を目標の上空で炸裂させ、遮蔽物に隠れている敵を攻撃。
コンピュータ内蔵モニターが敵の動きや危険を察知する。
防護服の内部は磁性流体という液体で、大変動きやすい。
背中に発電装置を装着し、自身の運動や振動を電力に変換。
チタン製の足がついており、長時間歩行しても疲れを感じない。

世界最強のアメリカ軍兵士は最先端技術をフル装備！

いつの時代にも戦争はつきもので、それは今後も変わらないだろう。ただしテクノロジーの進歩により、兵器や戦略は大きく変わる。

アメリカ軍の装備をみると、**次世代の兵士たちは最先端技術をフル装備して敵と戦うことになる。**

攻撃兵器は榴弾《りゅうだん》を目標の上空で炸裂させ、遮《しゃ》蔽《へい》物に隠れている敵を仕留めるグレネードランチャーを使う。味方や敵の位置情報は3Dディスプレイを使えば一目瞭然《いちもくりょうぜん》だ。防御も万全。銃弾を受けるとすぐ固まる磁性流体でボディーアーマーをつくり、銃弾から身体を守る。また、パワードスーツを装備すれば重装備でも長時間行動できる。

兵士の脳と司令室をチップでつなぎサイボーグ兵士を誕生させる

AI（人工知能）とロボットをいち早く軍事に導入したアメリカは、**サイボーグ兵士**の研究も進めている。兵士の脳にチップを埋め込んでコンピュータとつなぎ、司令室からデジタル化した情報を送り指示するのだ。脳科学、生物工学、医学などの分野でさらなる技術革新が必要だが、そう遠くない未来に実現すると考えられている。

まもなく戦場から人間が消える！

AIとロボットの進化により、戦場も一変す

戦場ではロボット兵器が主力になる

ドローン戦闘機

人工知能を搭載しており、兵士が遠隔操作して敵を攻撃する。

ドローン車両・艦艇・潜水艇

ドローン戦闘機同様、無人で活動できる。活動時間も無制限。

ロボット兵士

人工知能を搭載した人型ロボット。部隊を組むこともできる。

サイバー攻撃

敵の軍事衛星をハッキングし、情報を制限してしまう。

COLUMN

2034年に第三次世界大戦が起こる!?

世界には今後数十年のうちに勃発しそうな戦争がいくつかある。そのなかで最大のものが第三次世界大戦だ。ロシアの学者によると、勢いを増す中国に対し、超大国アメリカがイギリス、カナダ、オーストラリアなどとともに宣戦布告。中国側にはロシアや中央アジア諸国がつき、激しい衝突が起こる。核戦争にはならないが、短期間では終わらず世界は混乱に陥るという。

る。最大の変化は、現場で戦闘を繰り広げる人間がほとんどいなくなってしまうことだ。人間の代わりにロボット兵器が戦うのである。

最も活躍しそうなのが、**パイロットは同乗せず兵士の遠隔操作で攻撃するドローンだ。**アメリカは無人航空機プレデターをすでに使用しているが、数年後に無人潜水艇LDUUV、無人艦艇ACTUVなども配備するといわれている。

二足歩行のロボット兵士もまもなく登場予定。恐怖を感じず、疲れもせず、近年問題になっている戦争後遺症（CSR）も発症しない究極の兵器として期待されている。人間の兵士としては、これほどイヤな相手はいないだろう。

もう1つ、**3Dプリンターの軍事転用**も注目に値する。3Dプリンターを使えば戦闘機やミサイル、戦車などの部品を短時間で製造できる。食糧補給にも応用可能で、2025年には戦場で3Dプリンター製のピザやパスタを食べられるようになるという。

軍事的脅威に備え、防衛費を上げ続ける安倍政権

周囲に軍事的脅威を抱える日本は、憲法上の縛りはあるが、防衛体制の強化を続けている。防衛費は2013年から増加しており、**18年度の予算案では過去最高の5兆1900億円を記録した。**

このまま安倍政権が続けば防衛費はますます上がり、次世代兵器の製造に携《たずさ》わるようなこともあるかもしれない。

いずれ不老不死に近づく!?
2030年時点で、日本人女性の平均寿命は88.41歳

2030年の平均寿命はこんなに延びる

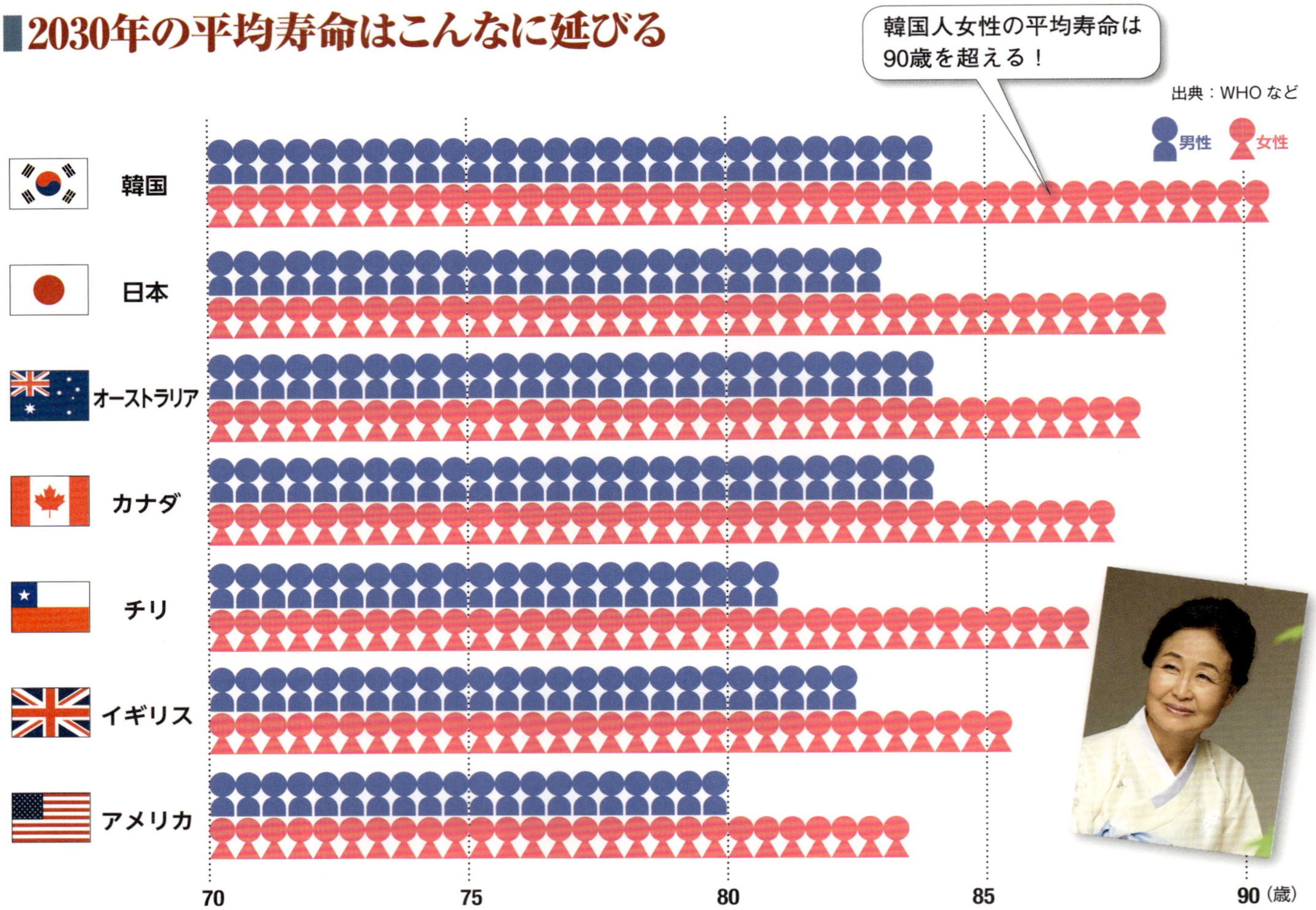
韓国人女性の平均寿命は
90歳を超える！
出典：WHO など
男性
女性
韓国
日本
オーストラリア
カナダ
チリ
イギリス
アメリカ
70
75
80
85
90（歳）

まだまだ延びる人類の寿命！ 2030年には90歳を超える国も

長寿の人が増えている。ワクチンの開発、出産の安全性向上、がんや心臓病の治療法改善などにより、平均寿命は右肩上がりを続けている。

世界銀行の調査によると、2015年の世界の平均寿命は71・8歳だが、その延びはまだ止まらない。WHO（世界保健機関）などの調査によると、**30年には多くの国でさらに長寿となる**のだ。

世界一の長寿国となるのは韓国だ。男性84・1歳、女性90・8歳で、韓国人女性は世界で初めて90歳を超える。肥満の比率が低く、高血圧への対応がよいことなどが上昇の要因とされる。

韓国に抜かれるものの、日本は世界屈指の長寿国

2016年の日本の平均寿命は男性80・98歳、女性87・14歳で、世界でも屈指の長寿国である。国際比較でも男女とも香港に次いで2位にランクされる。これが**2030年には男性が82・75歳、女性が88・41歳となる。**国際ランキングでは男性が11位、女性が3位といずれも下がってしまうが、平均寿命は着実に延びていく。

オミックス医療がつくる超健康な80〜90代の人々

では、平均寿命はどこまで延びるのだろうか。

COLUMN

コールドスリープの研究進む

人体を冷凍保存し、将来、解凍してよみがえる。このコールドスリープの技術について研究が進んでいる。冷凍保存すれば人体の腐敗を止められるが、その後蘇生《そせい》させるのが難しい。現在は不治の病でも、未来には治るようになっているはず——そう信じ、冷凍保存を望む人は少なくない。今のところ冷凍保存から復活した事例はないが、30年後くらいに実現するとの声もある。

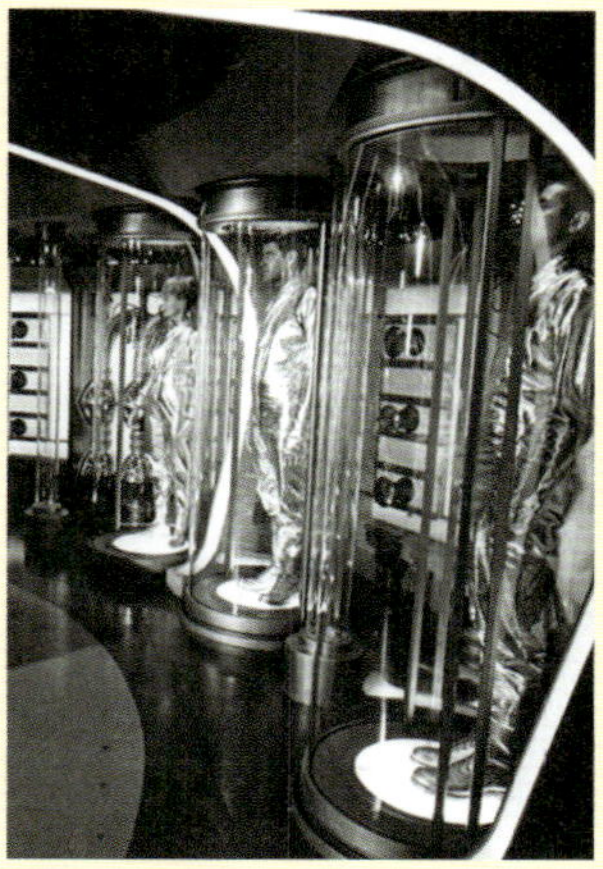

2035年にはオミックス医療が一般的に

出典：WHO など

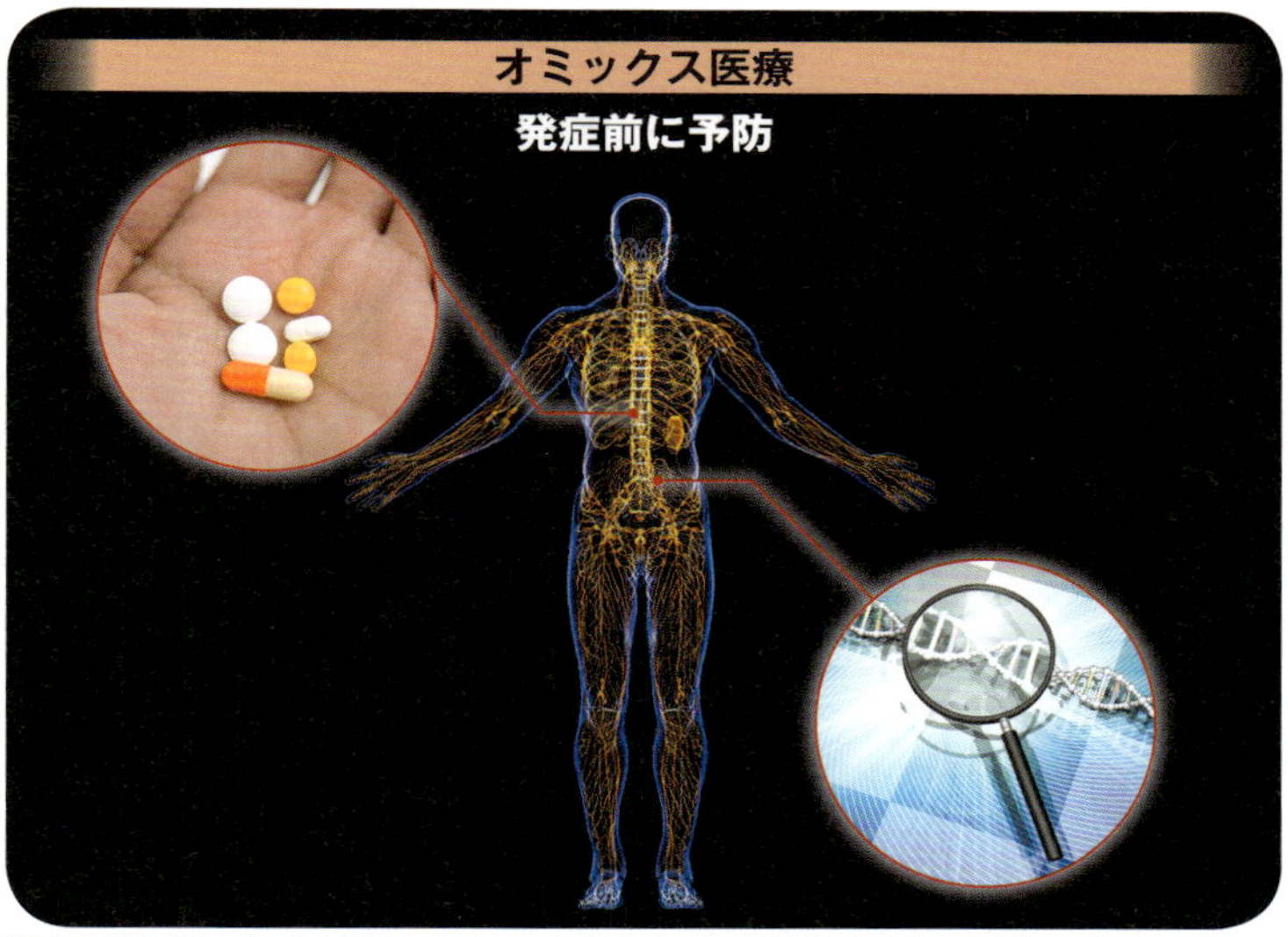
オミックス医療
発症前に予防

遺伝子情報で自分が将来かかる病気を調べ、投薬などで未然に防ぐ。

テロメラーゼが不老不死を実現する

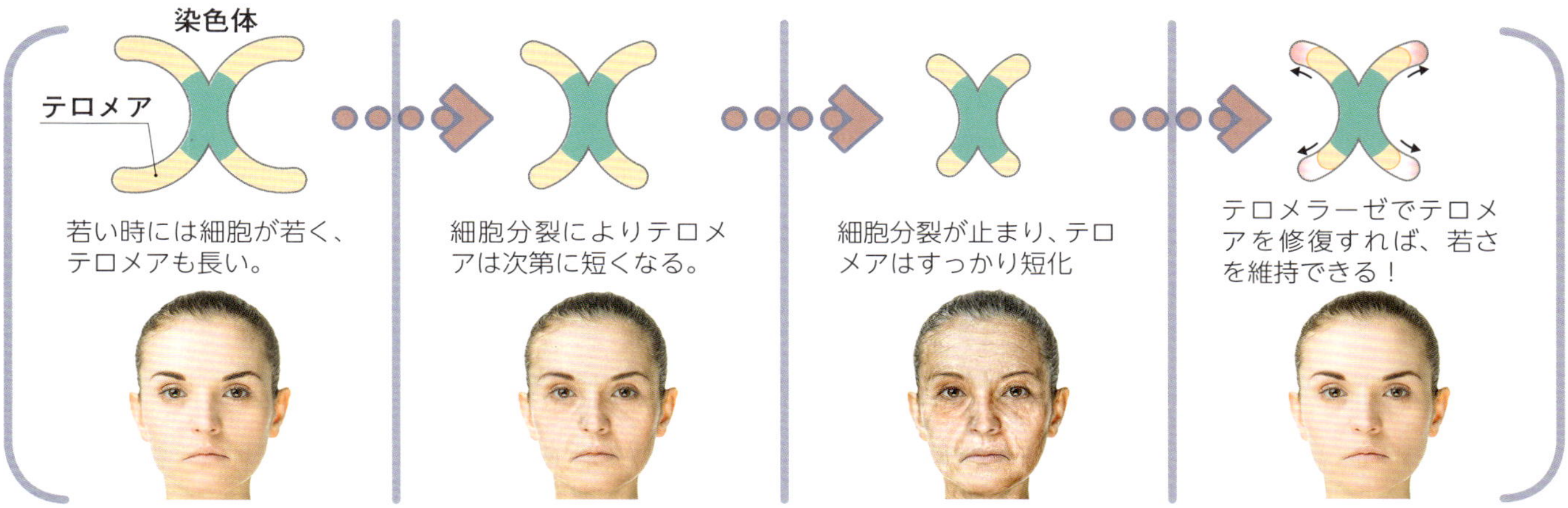
染色体
テロメア
若い時には細胞が若く、テロメアも長い。
細胞分裂によりテロメアは次第に短くなる。
細胞分裂が止まり、テロメアはすっかり短化
テロメラーゼでテロメアを修復すれば、若さを維持できる！

学者の間では、人間の限界寿命は120歳前後だという意見で一致している。平均寿命は延びていても、最高齢者の延びは止まっており、どんなに健康に気をつけて生きていても、125歳を超えて生きるのは難しいという。

それでも**80〜90代でもひじょうに健康で、若さを保ち続けることが可能になる**とされる。その背景にあるのが**オミックス医療**と呼ばれるものだ。

オミックス医療とは遺伝子を調べ、将来に罹患《りかん》しそうな病気を未然に防ぐ医療法で、イギリス、アメリカ、中国などで研究が進んでいる。

テロメラーゼの発見により限界寿命がどんどん延びる!?

限界寿命を延ばせるという意見もある。

そもそも人間の寿命には、DNAの末端にあるテロメアが関わっている。テロメアは細胞分裂するごとに短くなり、やがて分裂できなくなる。これが老化のメカニズムだ。細胞分裂の限界は50回程度で、そのペースを年齢と重ねると**限界寿命が120〜130歳になる**とされている。

しかし近年、アメリカでテロメアの長さを伸ばすことのできる遺伝子**テロメラーゼ**が発見された。テロメラーゼを用いるとテロメアが修復され、若さを維持できるようになる。

研究が進めば限界寿命がどんどん延び、SFの世界でしかなかった不老不死にも近づけるのではないだろうか。

2050年、80歳以下のがん死亡者数がゼロになる!? 「線虫を使う」『ナノマシン」 2020年頃から、日本で新たな治療法が実現

線虫による手軽な検診でがんを発見！

線虫は95.8％もの高確率でがんの有無を識別。ステージ0 ～ 1の早期がんも発見できる。検査費用も数千円と安い。実用化は2019年末とされる。

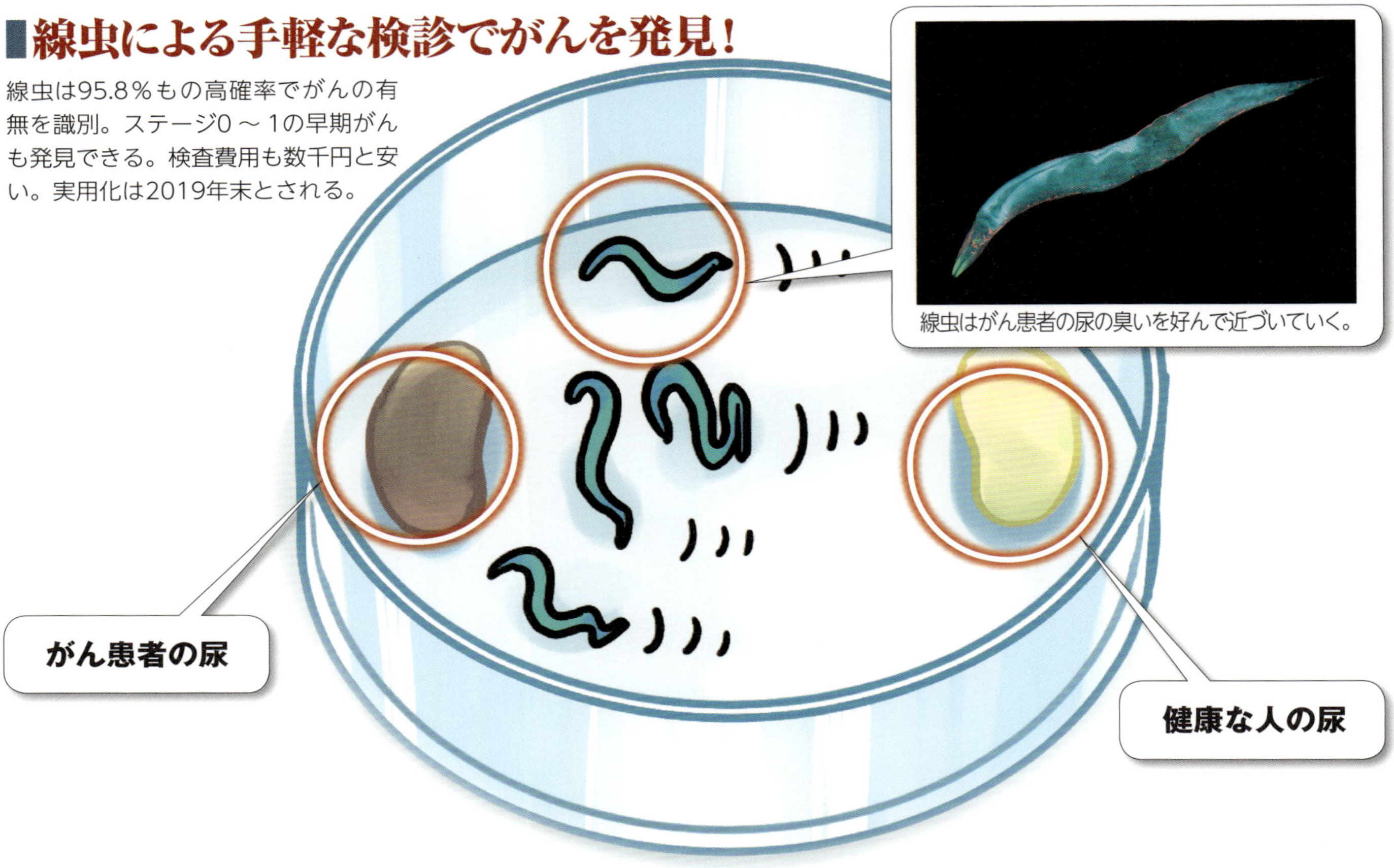

線虫はがん患者の尿の臭いを好んで近づいていく。

世界のがん患者は2030年に現在の1・5倍に増える

医療技術の進化は著しい。しかし、世界のがん患者数はなかなか減少しない。国連によると、2012年に1400万人だったがん患者数は、**30年までに2100万人を超える**という。約20年で1・5倍増である。がんの死亡者数も年間880万人から1200万人に増加。がんはまだまだ人類の大敵であり続けるのだ。

日本でもがん死亡者数の増加が止まらない

世界全体でみるとがんの患者数・死亡者数は増えているが、先進国に限るとがんの死亡者数は次第に減ってきている。欧米では毎年5%ずつ減少している。ただし、先進国のなかでも日本は例外だ。日本のがん死亡者数は過去30年で2倍にも膨れ上がっているのである。

このまま生活習慣の改善がなされなければ、団塊の世代が後期高齢者となる**2030～35年まで、がん死亡者数が増加する**と予測されている。

線虫を使ってがんを早期発見

日本はがんの検査や治療に関しては世界の最先端をいく。日立製作所などが研究しているのが**線虫を使ったがん検査。**線虫とは体長1㎜ほどの細長い動物で、がん患者の尿の臭いに近づいていく性質をもつ。これを用いれば95・8％もの高確率でが

次々に開発される新療法

光免疫療法

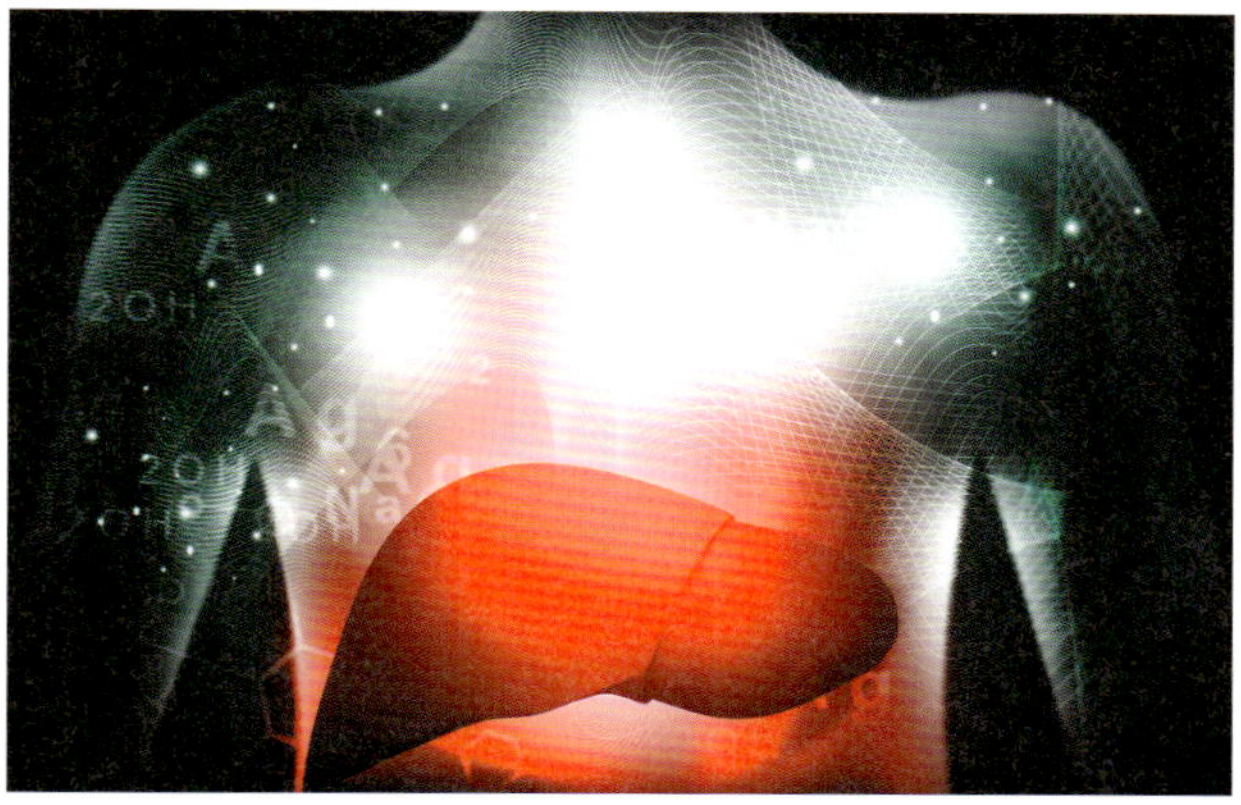

①がん細胞に付着する抗体に色素をつける。
②色素のついた抗体を体内に送り込む。
③近赤外線を浴びせると光化学反応が起こり、がん細胞が破壊される。

ナノマシン治療

①超微細カプセルに抗がん剤を搭載（ナノマシン）。
②ナノマシンを体内に送り込む。
③ナノマシンががん細胞にたどり着き、抗がん剤を放出する。

どちらも2020年頃から本格的に実用化される。

少量のアスピリンを飲み続けると、がん発症率が低下するともいわれる。

2050年には80歳以下のがん死亡者がゼロになる可能性も！

んかどうかを判定できるのである。

検査費用も数千円と安い。実用化は2019年末とされる。

ピンポイントでがんを攻撃！ ナノマシンが2019年に実用化予定

がん治療で世界から注目を集めているのが**ナノマシン**だ。ナノマシンと呼ばれる超微細カプセルに抗がん剤を搭載し、血液中に流す。するとがん細胞とぶつかった時にだけ細胞膜に取り込まれ、がん細胞の内部で抗がん剤が放出される。つまり、**ピンポイントでがんを攻撃し、転移や再発を防ぐのである。**

ナノマシンによるがん治療を開発したのは東京大学の片岡一則《かたおかかずのり》教授。現在は臨床実験が続けられており、2019年には実用化できそうだという。

光を当ててがん細胞を壊す 光免疫療法がまもなくお目見え

アメリカでは**光免疫療法**の研究が進んでいる。これは近赤外線でがん細胞を壊す治療法。がん細胞にくっつく抗体に色をつけて体内に送り込み、そこに近赤外線を浴びせて光化学反応を起こさせ、がん細胞を破壊する。

2015年には、イギリスのJ・キュジック氏が、中高年になってから少量のアスピリンを飲み続けるとがんの発症率が低下すると発表。**50年までに80歳以下のがん死亡者数がゼロになる**との見通しを示し、世界を驚かせた。

再生医療

2050年、臓器を丸ごとつくれる時代が到来!?
今後日本が研究をリードし、実用化が進む

再生医療の根幹をなす3つの幹細胞

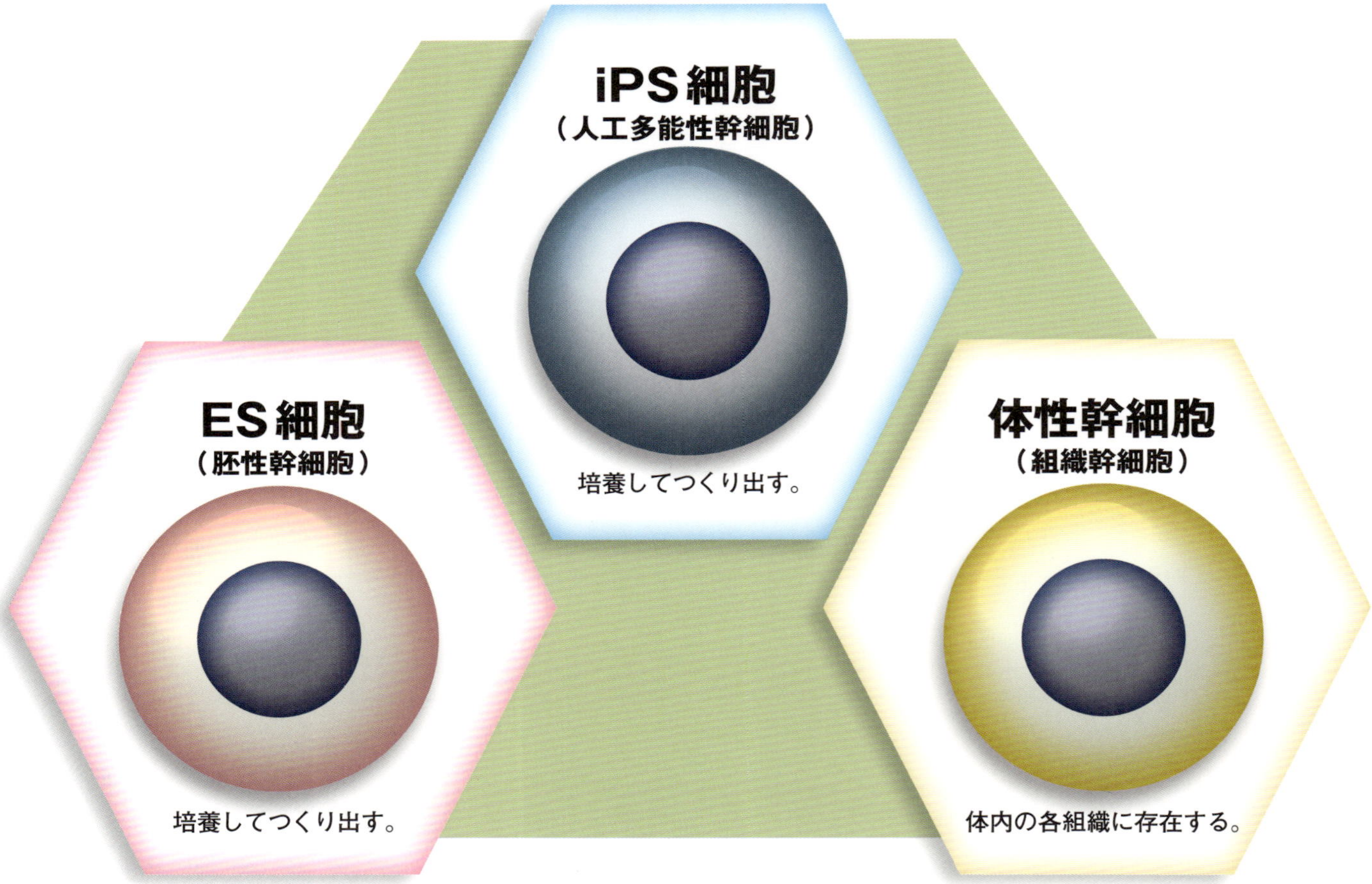
iPS細胞
（人工多能性幹細胞）
培養してつくり出す。
ES細胞
（胚性幹細胞）
培養してつくり出す。
体性幹細胞
（組織幹細胞）
体内の各組織に存在する。

「日本のアポロ計画」ともいわれる再生医療実現プロジェクト

今、医療の分野で最も注目され、期待を集めているのが**再生医療**である。再生医療とは、ヒトの細胞から臓器などをつくり、病気やケガを治す医療のこと。火傷《やけど》した人に自分の皮膚を培養したものを移植したり、白血病を患《わずら》った人に骨髄移植したりする治療がよく知られている。

その再生医療の根幹をなすのが、さまざまな組織に変化する幹細胞で、**iPS細胞、ES細胞、体性幹細胞**の3つに大別される。

iPS細胞は京都大学の山中伸弥《やまなかしんや》教授によって2006年に開発された。ノーベル生理学・医学賞を受賞するなど大きな話題になったが、現在は研究中心の段階で、まだ広く実用化されてはいない。ES細胞はヒトの受精卵のなかにある細胞を取り出してつくるため、拒否反応を示す問題や倫理的な問題が指摘されている。

iPS細胞・ES細胞に先行するのが体性幹細胞。幹細胞はさまざまな細胞に変化する能力と、自分と同じ細胞に分裂する能力をあわせもつ。またヒトの骨髄などからとれるうえ、拒否反応も少ないため、つくりやすく使いやすいのだ。

日本はこの再生医療が最も盛んな国の1つで、最先端の研究が進められている。

臓器を丸ごとつくることもできる!?

実用化が近づく体性幹細胞

皮膚、臓器、骨髄、神経など体内の各組織に存在する。古くなった細胞を入れ替えたり、失われた細胞を補ったりする役割を担う。

自分もしくは他人の細胞から採取し、治療に用いる。

- iPS細胞やES細胞より安全性などの面で優れており、評価が高い。
- iPS細胞やES細胞より臨床研究が進んでいる。

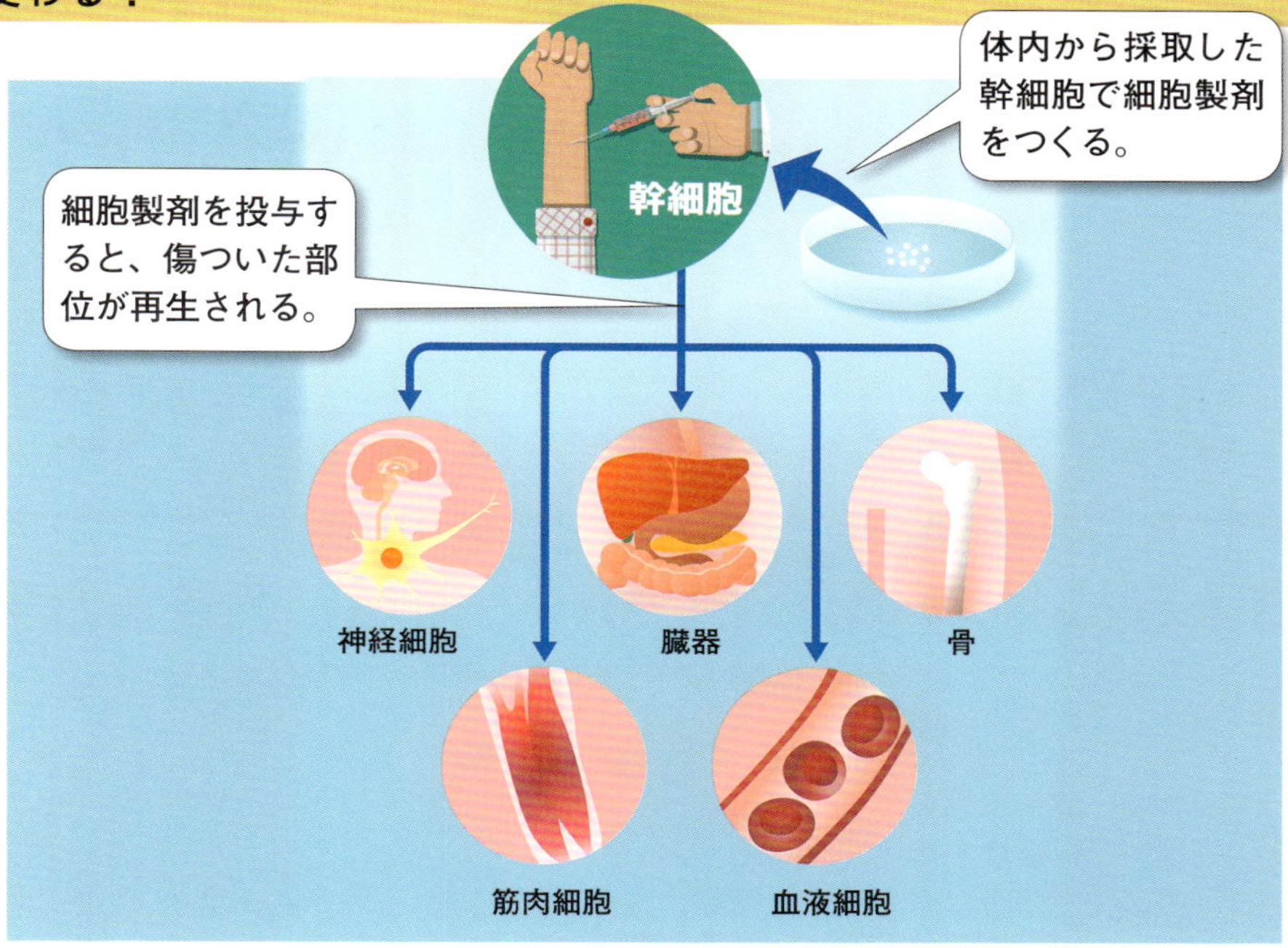

体内から採取した幹細胞で細胞製剤をつくる。
幹細胞
細胞製剤を投与すると、傷ついた部位が再生される。
神経細胞
臓器
骨
筋肉細胞
血液細胞

30年後、iPS細胞で心臓をつくれるようになる!?

iPS細胞はあらゆる生体組織に成長することができる万能細胞で、2006年に京都大学の山中伸弥教授が世界で初めて作製に成功した。

遺伝子を皮膚などの体細胞に入れて培養してつくる

- 培養過程で腫瘍化するなど安全性の面で課題がある。
- 2017年からiPS細胞由来の難病治療薬の治験が開始されている。

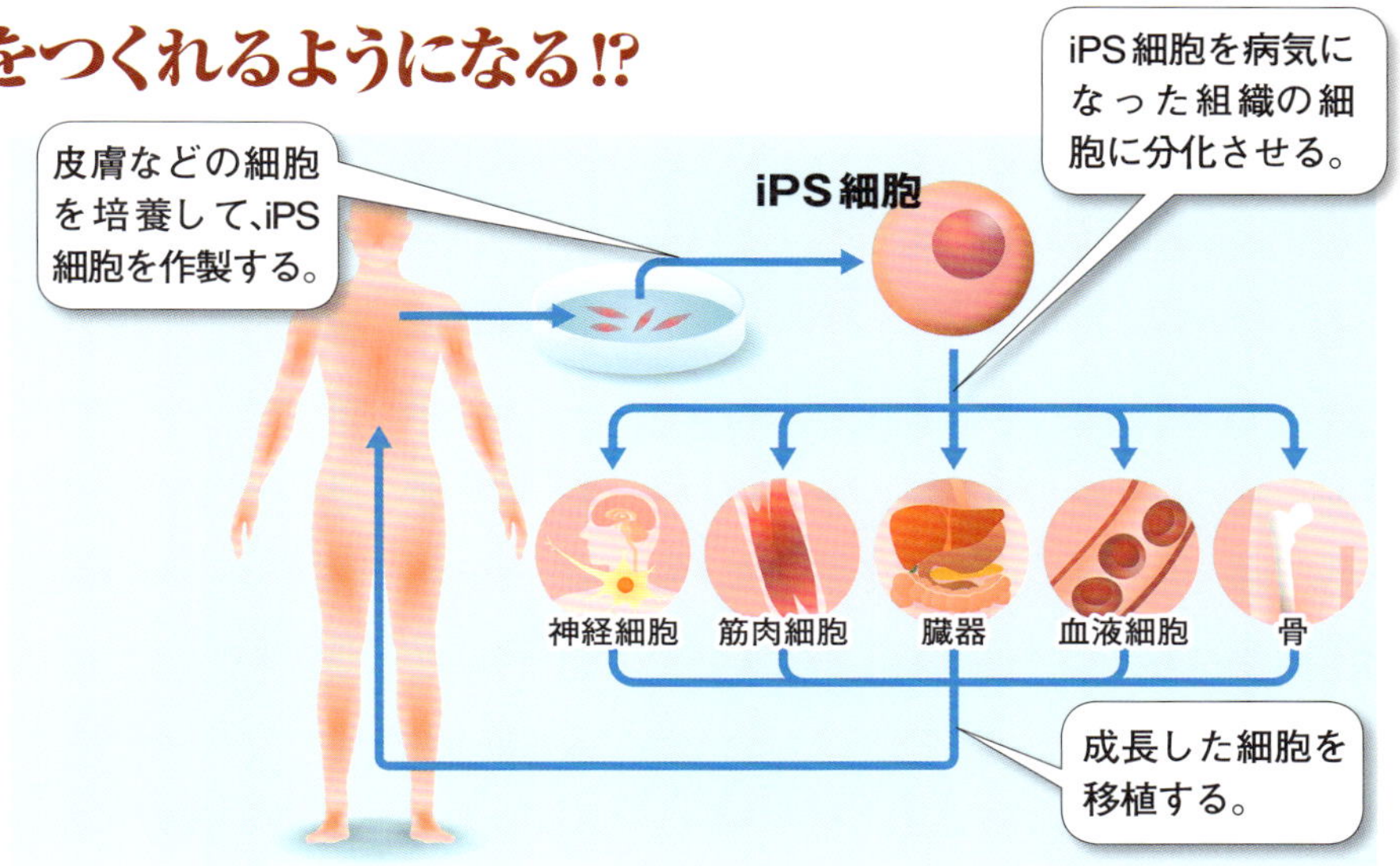

iPS細胞を病気になった組織の細胞に分化させる。
皮膚などの細胞を培養して、iPS細胞を作製する。
iPS細胞
神経細胞
筋肉細胞
臓器
血液細胞
骨
成長した細胞を移植する。

多くの人々が待ち焦がれるｉＰＳ細胞の実用化は、いつになるのだろうか。

ｉＰＳ細胞は当初から「がん化しやすい」という問題を抱えていたが、２０１８年に神戸の先端医療振興財団・細胞療法研究開発センターによって、がん化するかどうかを簡単に選別できる方法が発見されるなど、着実に進歩している。

ｉＰＳ細胞のヒトへの手術も14年から始まっており、実用化までもう一息のところまできている。**２０５０年頃には臓器を丸ごとつくれるようになる**といった意見もあり、期待は膨らむばかりだ。

再生医療による薄毛治療も進んでいる

再生医療によって**薄毛を根治する治療法も現実味を増してきた。**髪の毛は頭皮の内側の毛包《もうほう》という器官でつくられる。その毛包から取り出した細胞を体外で培養し、再び移植すると既存の毛包が活性化して髪の毛が生えてくるという仕組みだ。

薄毛治療ではアメリカが最先端を走っていたが、この治療法の研究はドイツやカナダが先行して進めてきた。最近は日本の資生堂もカナダ企業と共同研究を開始し、２０２０年頃の実用化を目指して研究を進めている。

薄毛や抜け毛は人類の永遠の悩み。最近は男性のみならず女性にも悩んでいる人が多いが、再生医療がその悩みを解消してくれるかもしれない。

現在、日本で認められているのは条件付きの基礎研究のみ！ 2025年、ついにデザイナー・ベビーの技術が完成!?

人類はゲノム編集という神の領域に到達した！

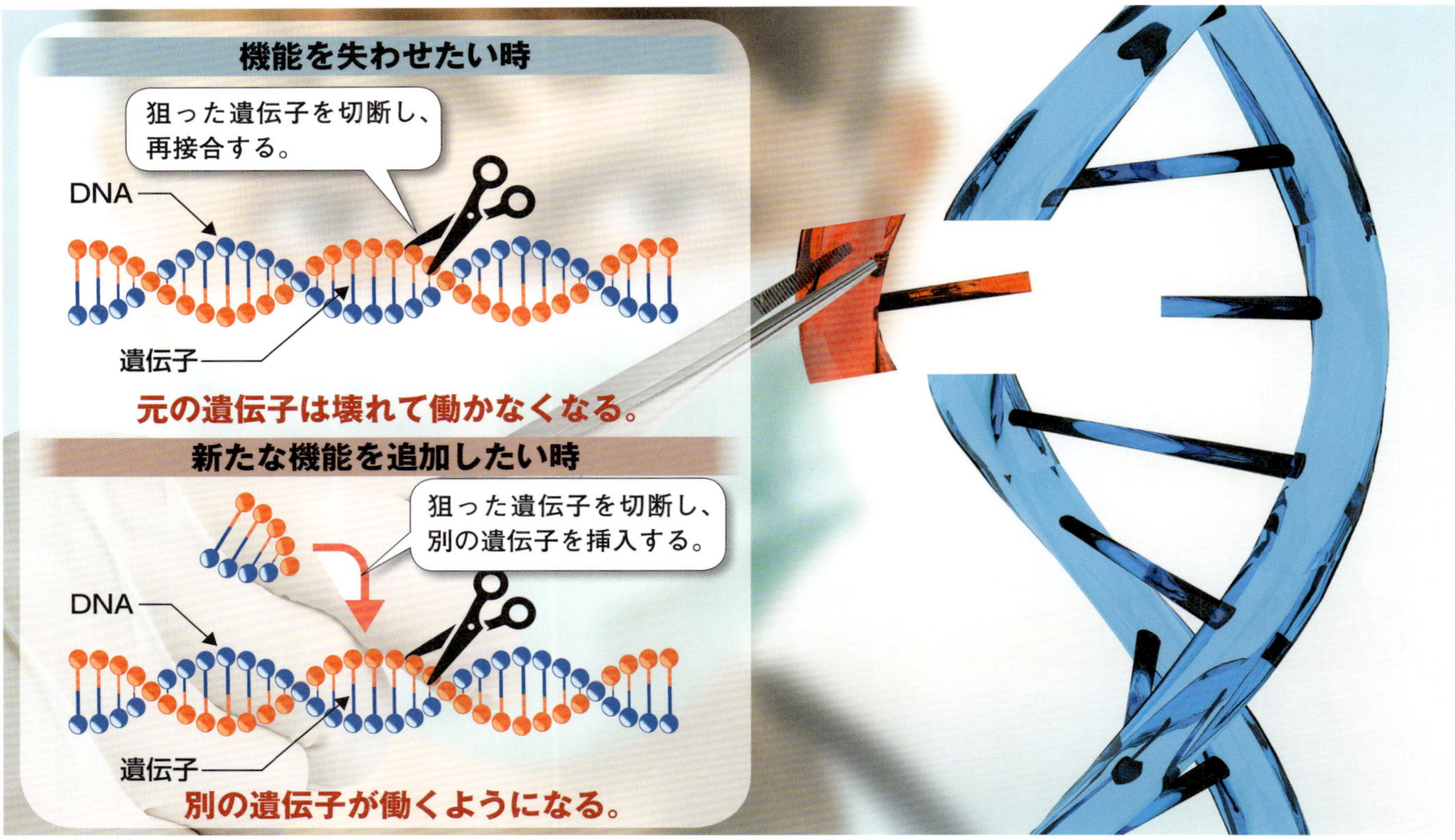
機能を失わせたい時
狙った遺伝子を切断し、再接合する。
DNA
遺伝子
元の遺伝子は壊れて働かなくなる。
新たな機能を追加したい時
狙った遺伝子を切断し、別の遺伝子を挿入する。
DNA
遺伝子
別の遺伝子が働くようになる。

遺伝子編集ツールを使い、望みどおりの子どもをつくる

頭脳明晰でスポーツ万能、顔がよくて身長も高い、おまけに優しい――そんな子どもがほしいと考えている人が少なからずいるだろう。

どんな子どもが生まれてくるかは神のみぞ知る、という時代はまもなく終わる。将来は**親の理想どおりの子どもをもてるようになる**のだ。

親が望む知力や体力、外見などを備えさせた子どもは**デザイナー・ベビー**と呼ばれ、ゲノム（ＤＮＡに含まれるすべての遺伝子情報）編集の技術によって生まれてくる。

ほしい遺伝子情報があれば、２０１２年にカリフォルニア大学のジェニファー・ダウドナ教授が開発した遺伝子編集ツール「クリスパー・キャスナイン」を使い、狙った遺伝子を切断して別の遺伝子を挿入する。逆に、切り捨てたい遺伝子情報は切断してそのまま再接合する。こうすると、親が望んだとおりの子どもができるのである。

ゲノム編集をリードするのはアメリカと中国

ゲノム編集の実験は、２０１５年から**中国で３回以上行なわれた。**その目的はデザイナー・ベビーをつくるためでなく、ＨＩＶ（ヒト免疫不全ウイルス）に対する免疫をＤＮＡに埋め込んだり、血液疾患に対応する遺伝子を編集するなど、

理想の子どものつくり方

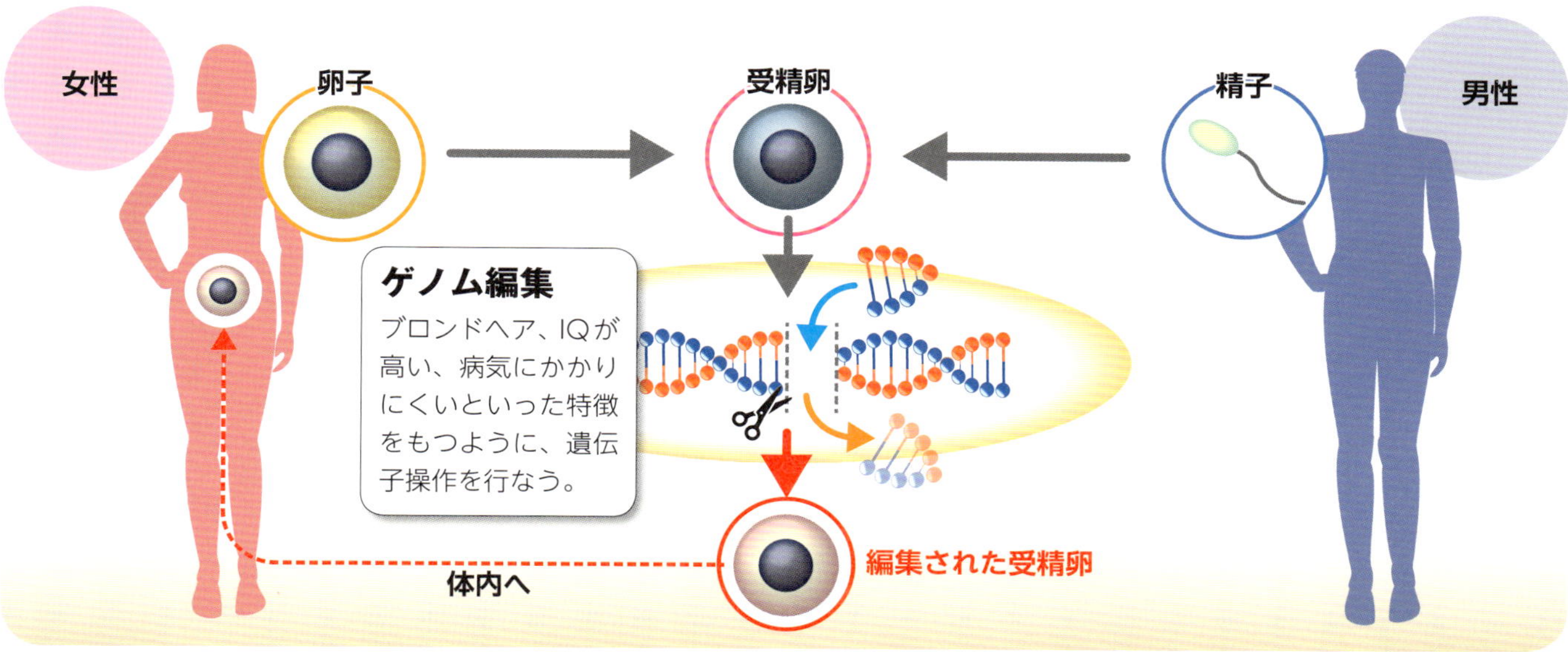
女性
卵子
受精卵
精子
男性
ゲノム編集
ブロンドヘア、IQが高い、病気にかかりにくいといった特徴をもつように、遺伝子操作を行なう。
編集された受精卵
体内へ

デザイナー・ベビーの課題

法整備
芸能人のものなどと偽って遺伝子を売り歩く詐欺師や、他人の毛髪や唾液から無断でDNAを採取して子どもをつくろうとする者など、遺伝子に関する犯罪が多発する。法整備が急務となる。

格差拡大
デザイナー・ベビーを誕生させられるのは富裕層に限られる。富裕層には有能な遺伝子が代々受け継がれ、貧困層との格差がさらに拡大。その結果、社会が大きく分断されてしまう。

倫理
人間の手で思いどおりの子どもをつくり出すという行為を、倫理的・宗教的に問題視する意見は少なくない。そうした観点から、子づくりに対するゲノム編集は禁じられる可能性がある。

子どもの先天性疾患を防ぐためだとされる。
中国と並ぶゲノム編集大国、アメリカも技術力では中国に引けを取らない。しかし、デザイナー・ベビーへの転用は「超えてはならない一線」と考えており、事実上、規制がかかっている。

不妊治療のための基礎研究のみ許可し、それ以上は認めない日本

日本では、政府がヒトの受精卵を操作する研究について、**基礎研究のみ条件付きで認める方針**を出した。特に不妊治療の成功率アップのための基礎研究を認めているが、改変した受精卵を子宮に戻すことは、安全面の問題や倫理的な問題から認めていない。

人間の欲望はいずれ倫理の壁をも乗り越える

デザイナー・ベビーの実現には技術、コスト、倫理の3つの壁が存在するといわれる。そのうち技術とコストについては、近々クリアできるだろう。**その時期を、2025年頃と予想する**識者もいる。しかし、倫理の問題をクリアするのはなかなか難しい。特に伝統的なキリスト教社会である欧米では、神の領域に足を踏み入れるな、という意見が根強い。

それでも、この流れは止まりそうにない。水面下で次々にデザイナー・ベビーが誕生し、反対派も認めざるを得ない状況になり、なし崩し的に普及していくと考えられている。

サイボーグ

2030年、脳をクラウドに接続できるようになる!? 日本でも進む義体化の技術研究

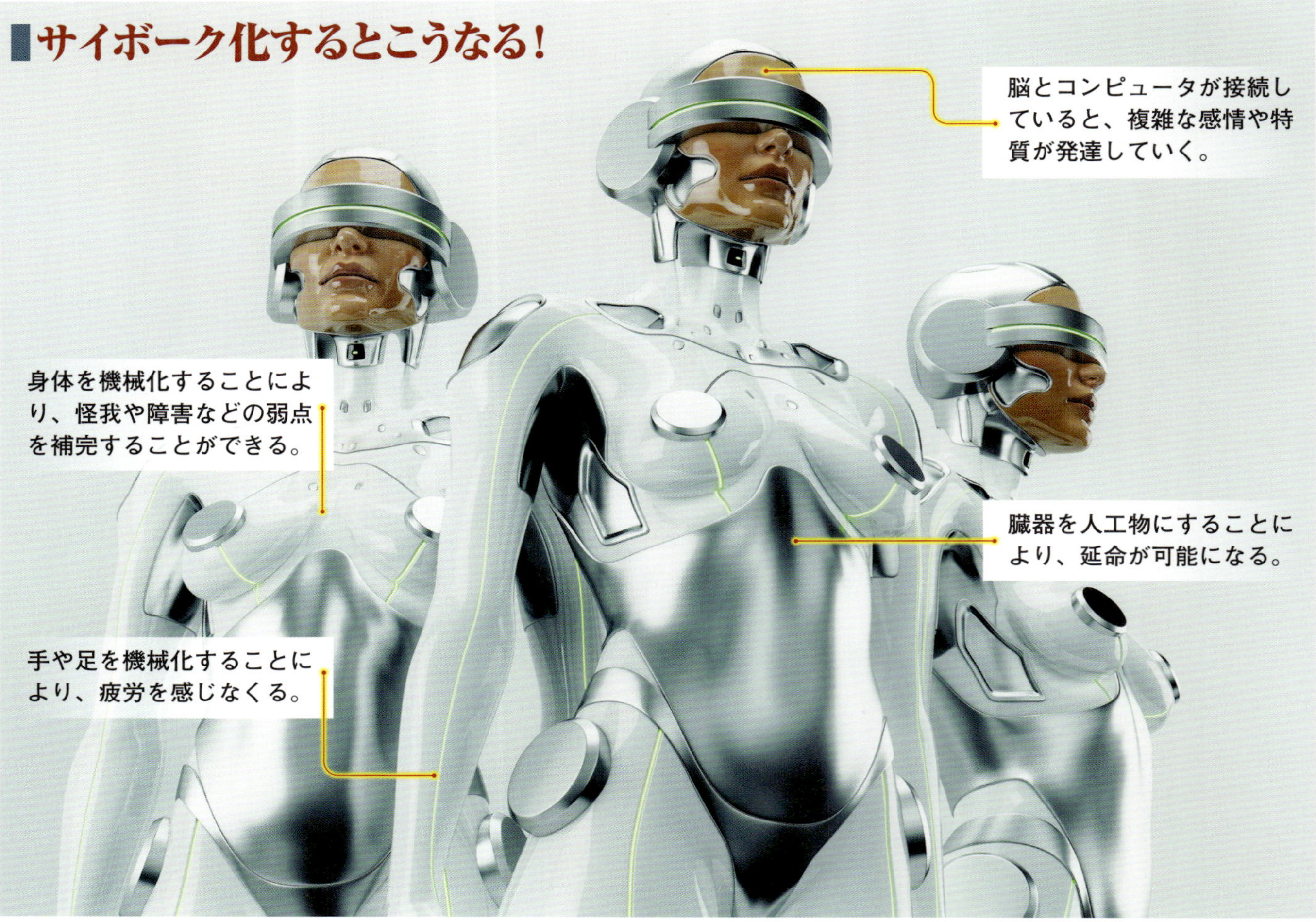

サイボーク化するとこうなる！
脳とコンピュータが接続していると、複雑な感情や特質が発達していく。
身体を機械化することにより、怪我や障害などの弱点を補完することができる。
臓器を人工物にすることにより、延命が可能になる。
手や足を機械化することにより、疲労を感じなくる。

生体分子モーターを応用し、サイボーグ化を実現する

士郎正宗《しろうまさむね》氏の漫画『攻殻機動隊』はサイボーグが活躍する2029年の未来を描いたSF作品。その世界観について現実離れした印象を抱く人が大半だろうが、そろそろ身体をサイボーグ化した人間が出現しても不思議でない時代になりつつある。

身近なところでは、手足のサイボーグ化があげられる。細胞内には「生体分子モーター」と呼ばれる生命活動維持のためのタンパク質が組み込まれており、その構造や仕組みを応用して義手や義足を製造する。装着すると手も足も疲れず、半永久的に動かし続けられるようになる。

臓器も人工的に製造可能。脳と中枢神経以外はサイボーグ化できるようになるといわれている。

イギリスのデイリー・テレグラフ紙は、**200年以内に全身をサイボーグ化できるようになる**と予想しているが、手や足などの部位だけならば50年までに実現する可能性があるという。

日本のベンチャー企業はロボットハンドから義体化を目指す

日本のメルティンMMI社は**人の皮膚のような素材でロボットハンドを開発した。**ロボットハンドは通常の義手とは異なり、自分の手のように自在に動かすことができる。通常の義手は腕にセンサーを貼り、腕を動かした時に起きる波形の有無を読

脳とコンピュータを直結する！

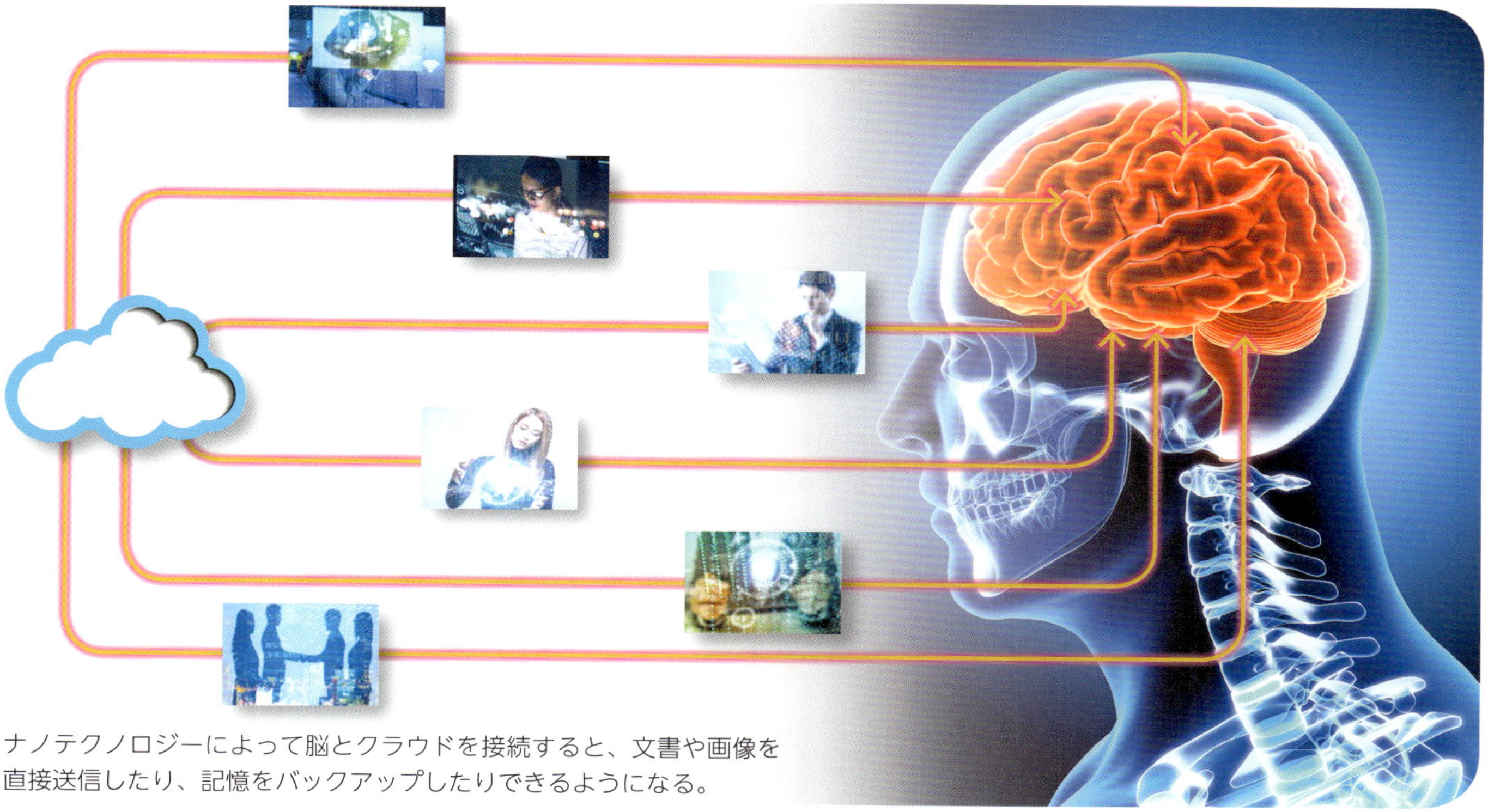

ナノテクノロジーによって脳とクラウドを接続すると、文書や画像を直接送信したり、記憶をバックアップしたりできるようになる。

COLUMN　オリンピック・パラリンピックからサイバスロンへ

　障害をもっていたとしても、最先端のロボティクス技術でつくられた義足や義手、車いすなどのアシスト機器を使えばさまざまな競技を行なうことができる。そうした競技者たちが挑む大会を「サイバスロン」という。オリンピックやパラリンピックがアスリート中心の大会であるのに対し、サイバスロンはテクノロジーも重要視されるため、サイバー大会と呼ばれることも。科学技術の進歩にともない、サイバスロンはどんどん進化中。人体のもつ能力以上の動きを手に入れる日も近い。

写真：ロイター／アフロ

み取って制御するが、ロボットハンドは波形そのものを手に学習させ、さまざまな動きを表現する。

　人体の一部を機械化することを**義体**といい、義体化が進めば従来の身体の制約がなくなる。同社は手が4本、足が4本といった身体でも、当人が望めば実現できる未来を目指すと語る。

脳とクラウドを接続する技術が2030年代に実現する!?

　人間の脳とコンピュータを接続してサイボーグになる方法を研究している識者もいる。アメリカの発明家レイ・カーツワイル氏だ。

　DNAで作製した極小のナノボットを脳内の血管に送り込むことにより、人間の脳はクラウドに接続する。そうすれば、文書データや写真画像をクラウドから直接送信できるようになるという。

　ナノボットについては脳内の応用はまだ難しいが、**マウスの胃へのナノボット注入実験には成功済み。**カーツワイル氏は2030年代には、脳とクラウドの接続が可能になると予想する。

　起業家イーロン・マスク氏は、脳そのものをコンピュータに直接接続する方法を模索中だ。当面の目標は**てんかんやパーキンソン病など神経疾患を治療する脳内インプラントの開発**だが、将来的には頭部に埋め込んだ神経デバイスを通じてデジタル化した脳内データをクラウド上の仮想領域へ伝達する。つまり脳をクラウド化することを目指す。早ければ2023年に実現するという。

COLUMN

マンガが予見していた未来の世界

ホンダの人型ロボット「ASIMO」。

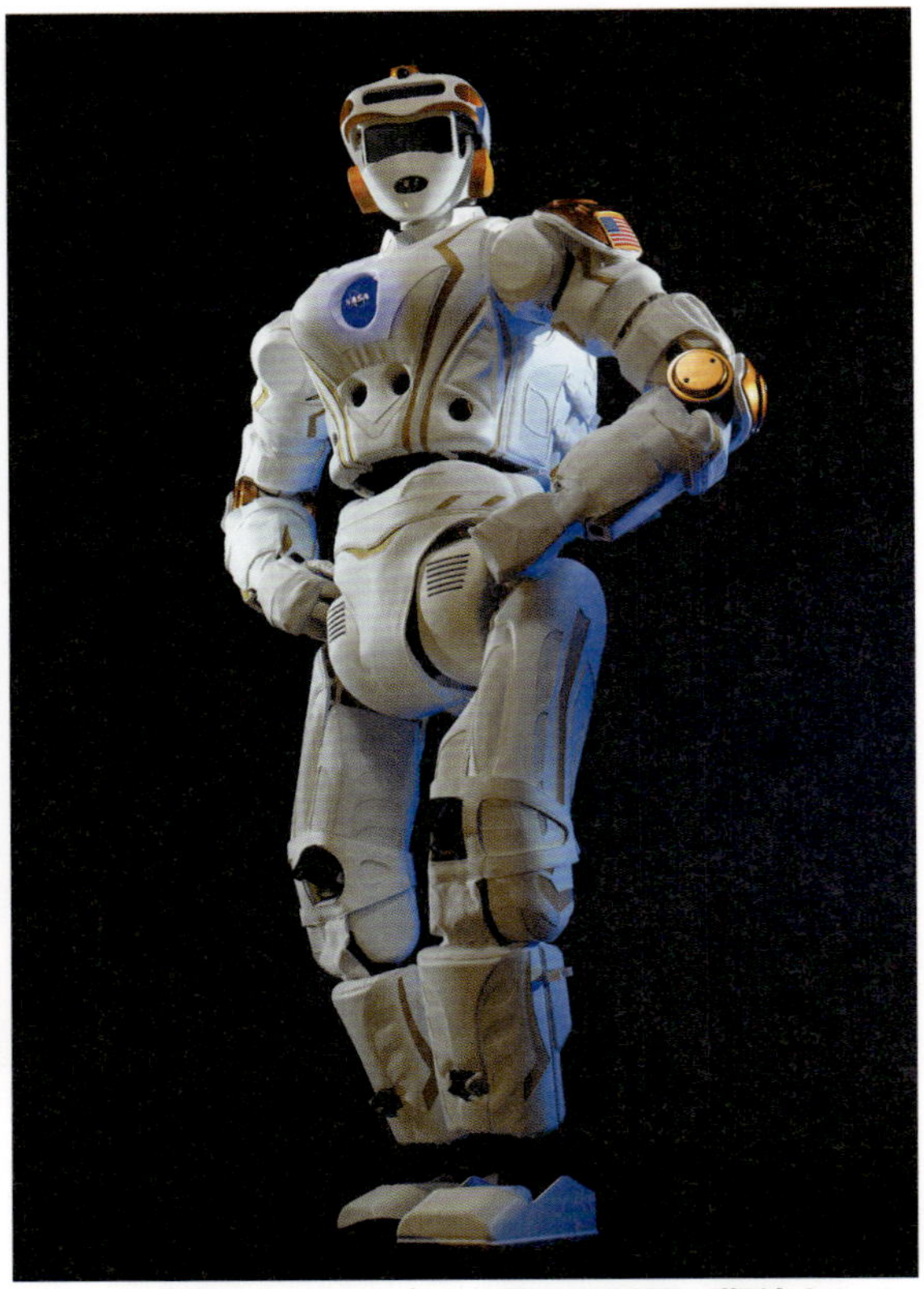
NASAの「ヴァルキリー」。火星での活躍が期待される。

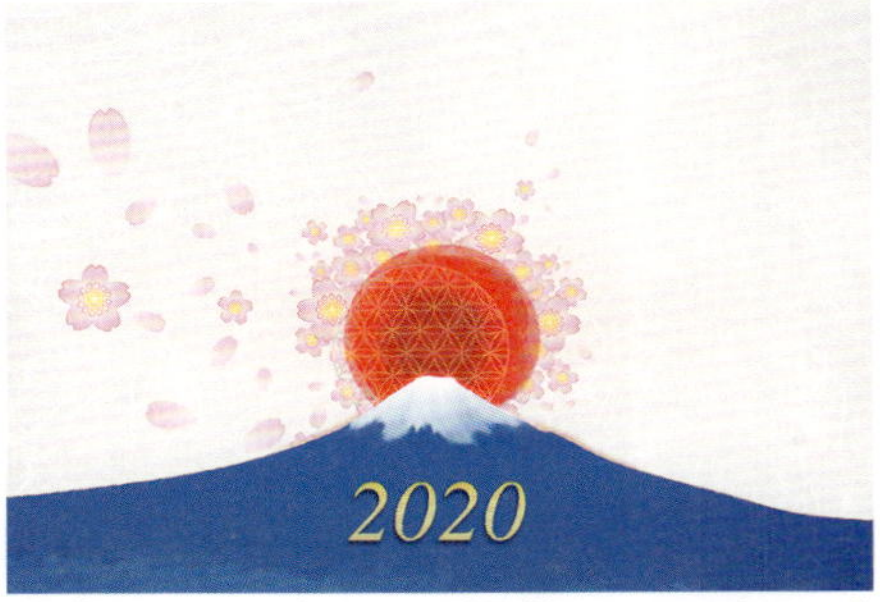

東京オリンピックの開催は1982年の時点ですでに予言されていた。

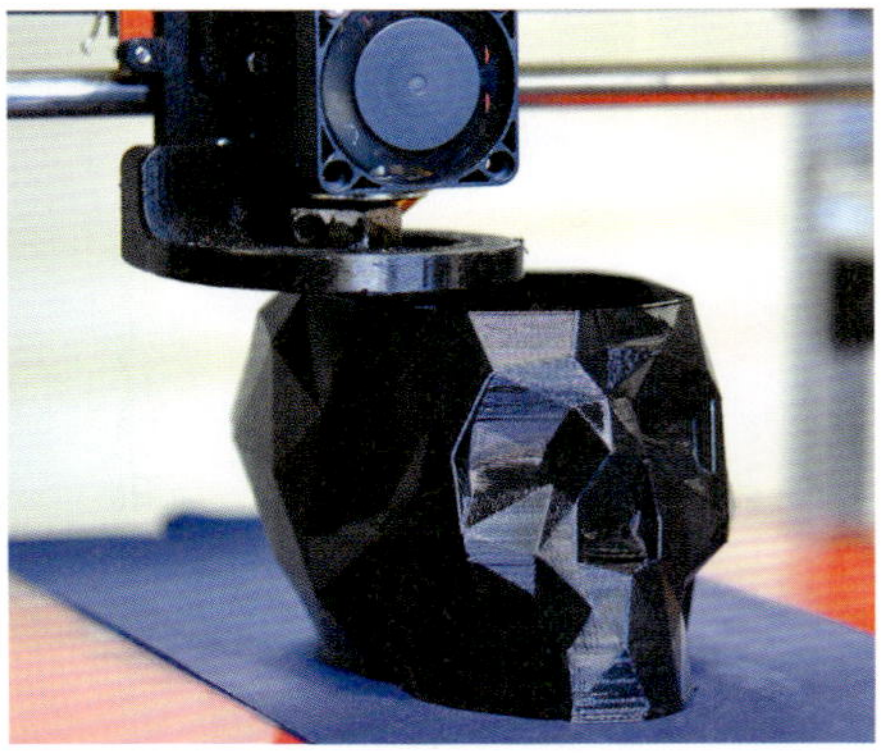
ドラえもんの道具とそっくりな「3Dプリンター」

1951年から雑誌「少年」で連載が開始された手塚治虫の代表作、『鉄腕アトム』。作中では人型ロボットのアトムが活躍する21世紀の世界が描かれる。アトムのようなヒューマノイドロボットは、ホンダの「ASIMO」やNASAの「ヴァルキリー」など、すでにいくつも登場している。アトムの能力には及ばないが、ロボットの進化は着々と進んでいる。

大友克洋のSFマンガ『AKIRA』は、第三次世界大戦後、復旧しつつある2019年の東京(ネオ東京)を舞台としている。驚くべきは翌20年にオリンピックを控えているという設定。「週刊ヤングマガジン」での連載開始が1982年だから、31年前に東京オリンピックの開催を予言していたことになる。

藤子・F・不二雄の『ドラえもん』は、さまざまな「ひみつ道具」が魅力的な作品で、今も多くの少年少女が目を輝かせている。ひみつ道具の1つである立体コピー紙は、上にモノをのせると、そのまま立体になってコピーできる道具。現在の3Dプリンターそっくりだ。

Chapter 4

日々の暮らしはこう変わる！

2010

2018

- アウディが世界初のレベル3の自動運転機能オプションを発売する
- アメリカのスペースX社により、民間人2人が参加する月との往復旅行を実施

2019

- アメリカのブルーオリジン社が宇宙観光を実施する
- アメリカのテラフジア社が空飛ぶ車「TF-X」を一般販売

2020

2020

- AI（人工知能）が800字程度の文章を書けるようになる
- 世界の映画館の9割がデジタル化される
- 中国における映画の興行収入がアメリカを抜く
- 日本の自動車メーカーがレベル3の自動運転車を実現
- アメリカの新築住宅がエネルギー消費ゼロになる
- 日本で戸建て住宅の自動駐車システムが実用化される
- AIによる住宅、家電の知能化が進む
- アメリカのNASA（航空宇宙局）が超音速機の試験飛行を実施する
- トヨタの空飛ぶ車「スカイドライブ」が登場する
- 中国がリニアモーターカーを開発する

2021

- フォードがレベル4の完全自動運転車を実用化する

2023

- 日本の大手航空会社が宇宙旅行サービスを開始する

2025

- アメリカのブーム・テクノロジー社がマッハ２・２の超音速旅客機を開発する
- 日本で耐用年数２００年の住宅が実用化する
- スマートフォンで家電を制御する省エネ型スマートハウスが一般化する
- ホンダがレベル４の完全自動運転車を実用化する
- ドイツで最高時速３００キロの空飛ぶタクシーが営業開始
- 中国における映画の興行収入がアメリカの１・５倍に達する

2026

- 生体認証技術が普及し、パスポートがなくても海外旅行に行けるようになる

2027

- 日本のリニア中央新幹線が開通する（東京～名古屋間）

- 映画でバーチャル俳優が一般的になる

2028

- 日本国内の宇宙旅行サービスに年間１０００人が参加するようになる

2030

2030

- ＡＩによる運転技術が熟練ドライバーの域に達する
- 日本の住宅の高断熱化が30％に上昇する（2012年は6％）
- イギリスで住宅の断熱工事が終了
- リゾート地のほとんどのホテルで、家電がネットワーク化される
- ＡＩが長編小説を書けるようになる

2035

- 世界の新車の4分の1が完全自動運転車になる

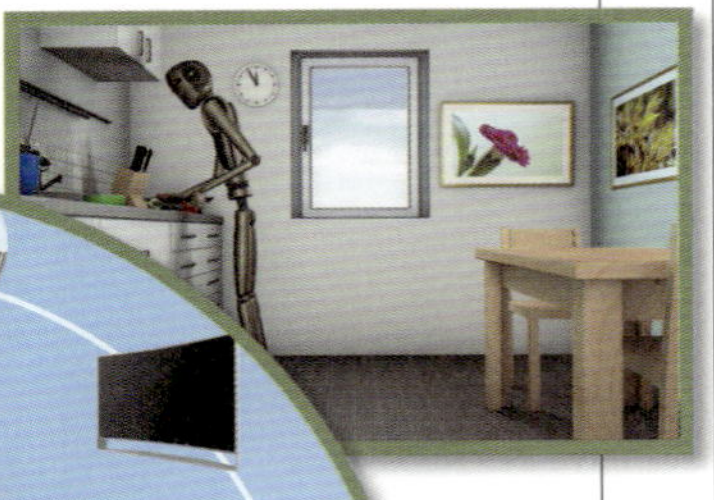

2040

2040

- 日本のＪＡＸＡ（宇宙航空研究開発機構）による次世代超音速旅客機が実用化する
- アメリカの道路を走る自動車の75％が自動運転車になる
- 世界から新聞が消える

2041

- 日本の住宅会社が地上70階の超高層ビルを木造で実現する技術を確立する

2045

- 日本のリニア中央新幹線が大阪まで延伸する

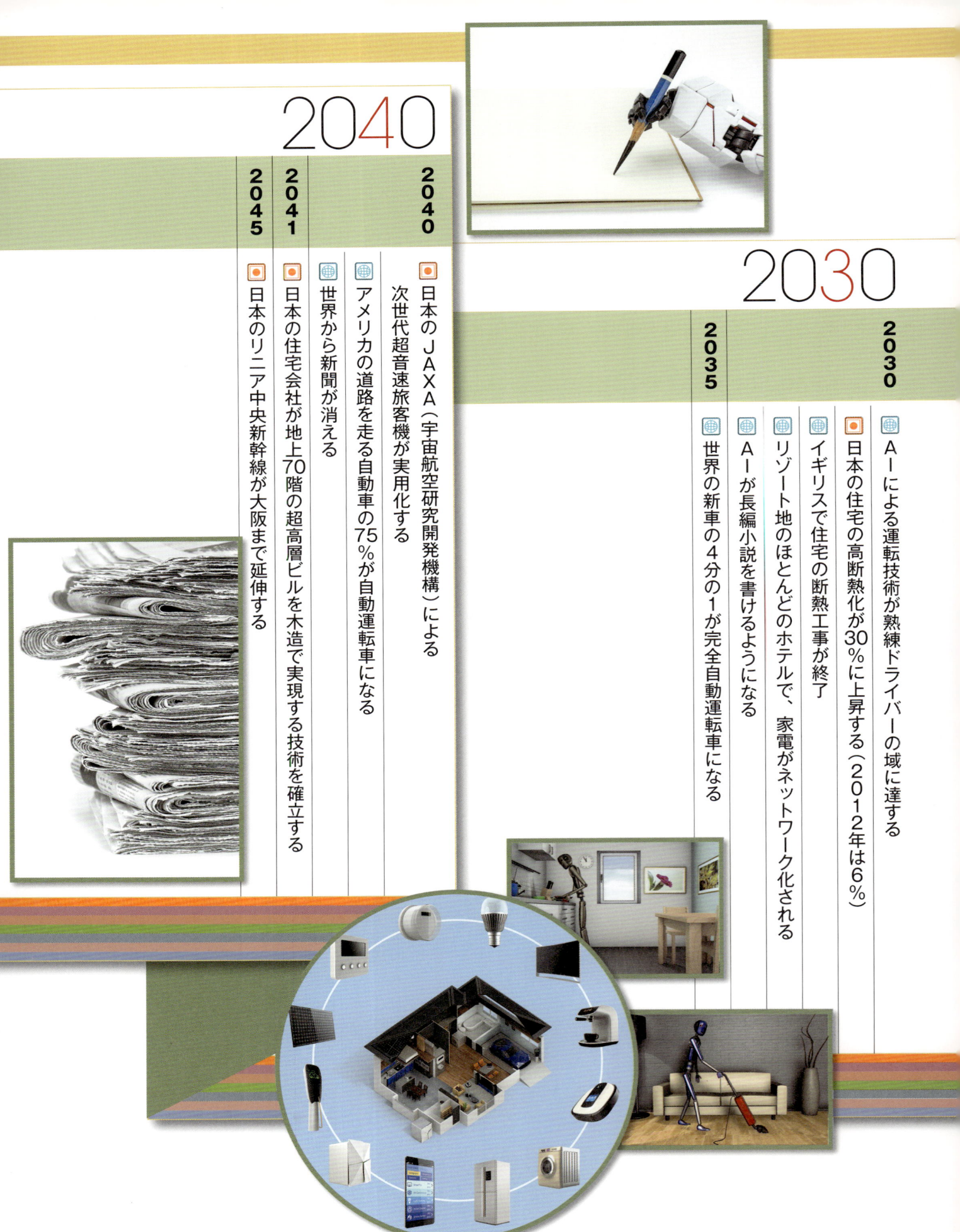

2050

2050

- 自動運転車が標準になり、運転免許制度が消滅する
- 人間とロボットの結婚が一般化する

2060

2070

2070

- セックスロボットとの性行為が当たり前の時代になる

2080

2080

- 瞬間移動が可能になる

海外では、3Dプリンターで家を建てられる!? 一方、日本では2030年、料理や掃除はロボットにお任せ！

家を移動する時代の到来

スマートモデューロ

本格的な住宅をクルマで運び、好きな土地で暮らす。夏は涼しい北海道で、冬は暖かい沖縄でといった生活もできる。

コンテナ型スマートモデューロ。設置・撤去・移動が容易にできれば、新たなライフスタイルとして確立する。写真：アーキビジョン・ホールディングス

ポータブルハウス

家を柱や屋根、扉、壁などに分解し、それを輸送して現地で組み立てる。軽量かつ頑丈な建材が開発されれば実現可能。

設計図があり、3Dプリンターの稼働に必要なスタッフが数人いれば、あっという間にコンクリート住宅ができてしまう。

3Dプリンターハウス

現地へは自宅の設計図だけをもっていき、3Dプリンターを直接設置して自宅を再現する。

動かない家は時代遅れ？ これからは移動する家が流行する

家は決まった場所に建っている――。一戸建てにしろマンションにしろ、これまでは動かない家が当たり前だった。しかし、今後は**移動する家が増える**といわれている。場所を選ばず仕事をするノマドワーカーの増加からわかるように、定住しない生き方が流行《はや》りになるのだ。

具体的には、**スマートモデューロ**があげられる。クルマで住宅を運び、好きな土地に移動して暮らすのだ。トレーラーハウスに似ているが、日本の住宅メーカー、アーキビジョン21が提供するものはそのへんのプレハブ住宅ではなく、本格的な木造住宅。キッチンやトイレ、シャワーを完備しており、室内のレイアウトも自由。これをレンタルすれば、世界中どこにでも自宅を所有できる。

分解したパーツを現地で組み立てる ポータブルハウスも登場

家を柱や屋根、扉、壁などのパーツに分解し、それを輸送して現地で組み立てる**ポータブルハウス**も需要を伸ばしそうだ。これなら長期出張になったとしても、まったく同じ家に住み続けられる。

課題は建材だ。あまりに重く、大量の建材を運ぶのは骨が折れる。引越しトラック100台分の荷物などといえば、誰も利用しないだろう。**カーボンファイバーなど、軽量かつ頑丈な建材が開発**

新時代の家庭生活

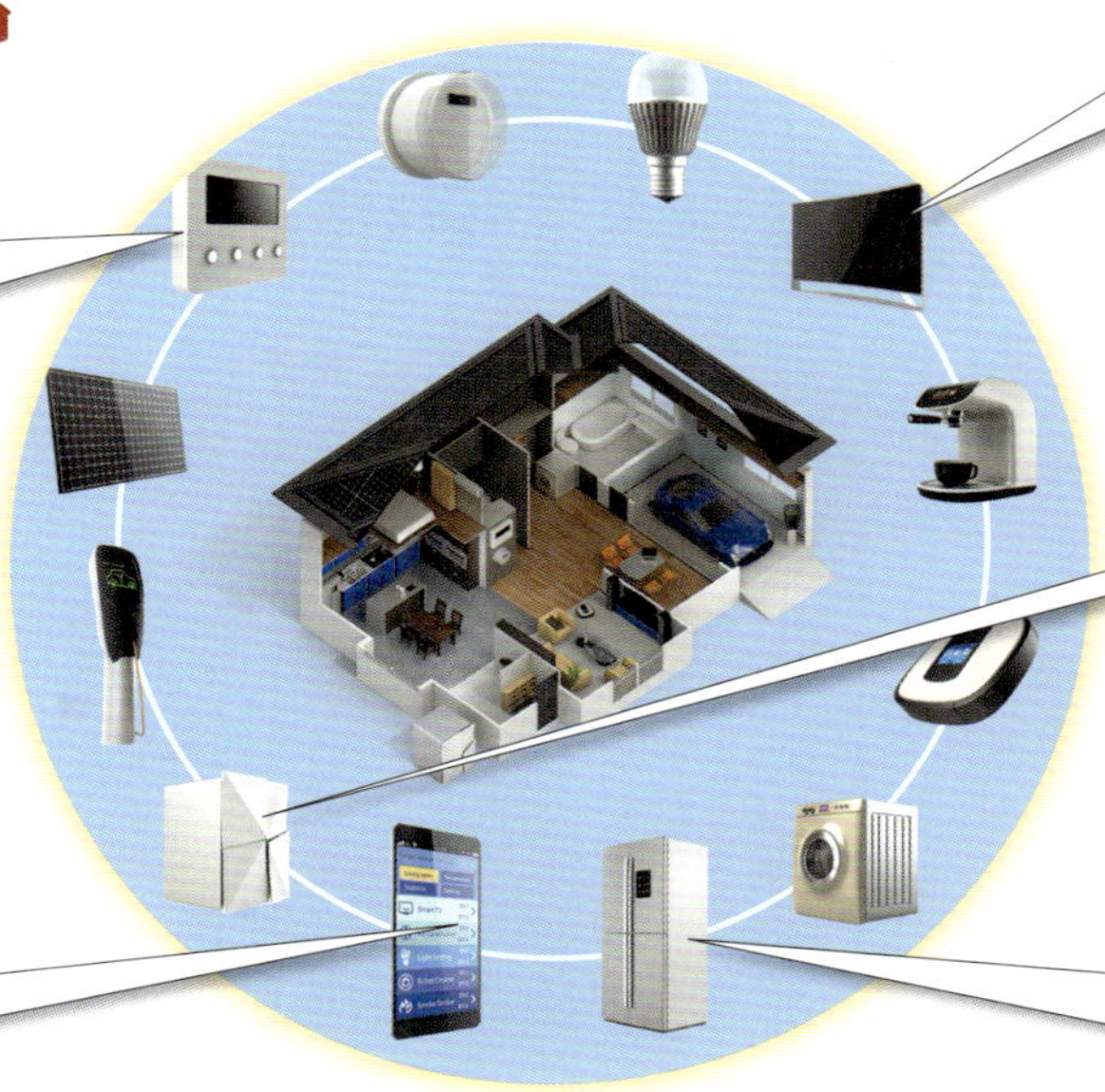
オンラインネットワークでつながった家電は、家庭内外からリモートコントロールすることができる。
テレビ、エアコン、冷蔵庫、湯沸かし器など、あらゆる家電がネットワーク化される。
宅配ボックスは荷物のラベルの情報を読み込み、冷凍や冷蔵が必要なら自動で温度調節してくれる。
エアコンはスマホで運転・停止可能。帰宅前に運転オンにすれば、家に着いた時にはすでに快適な温度になっている。
冷蔵庫はその時にストックされている食材で調理可能な料理をアドバイスしてくれる。

掃除や料理はロボットにお任せ！

時代が進めば、AIを搭載したお手伝いロボットが家事をこなしてくれるようになる。

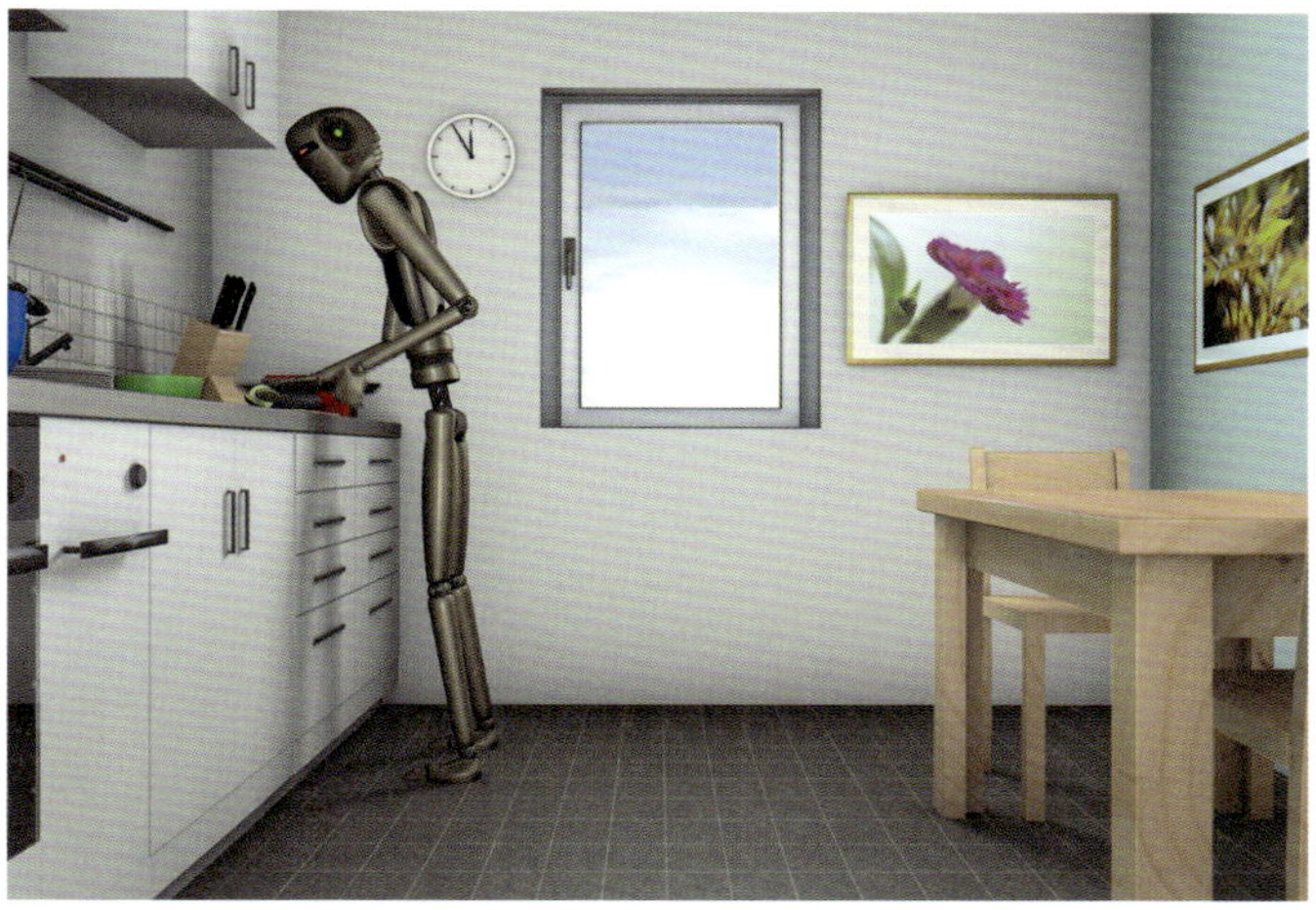

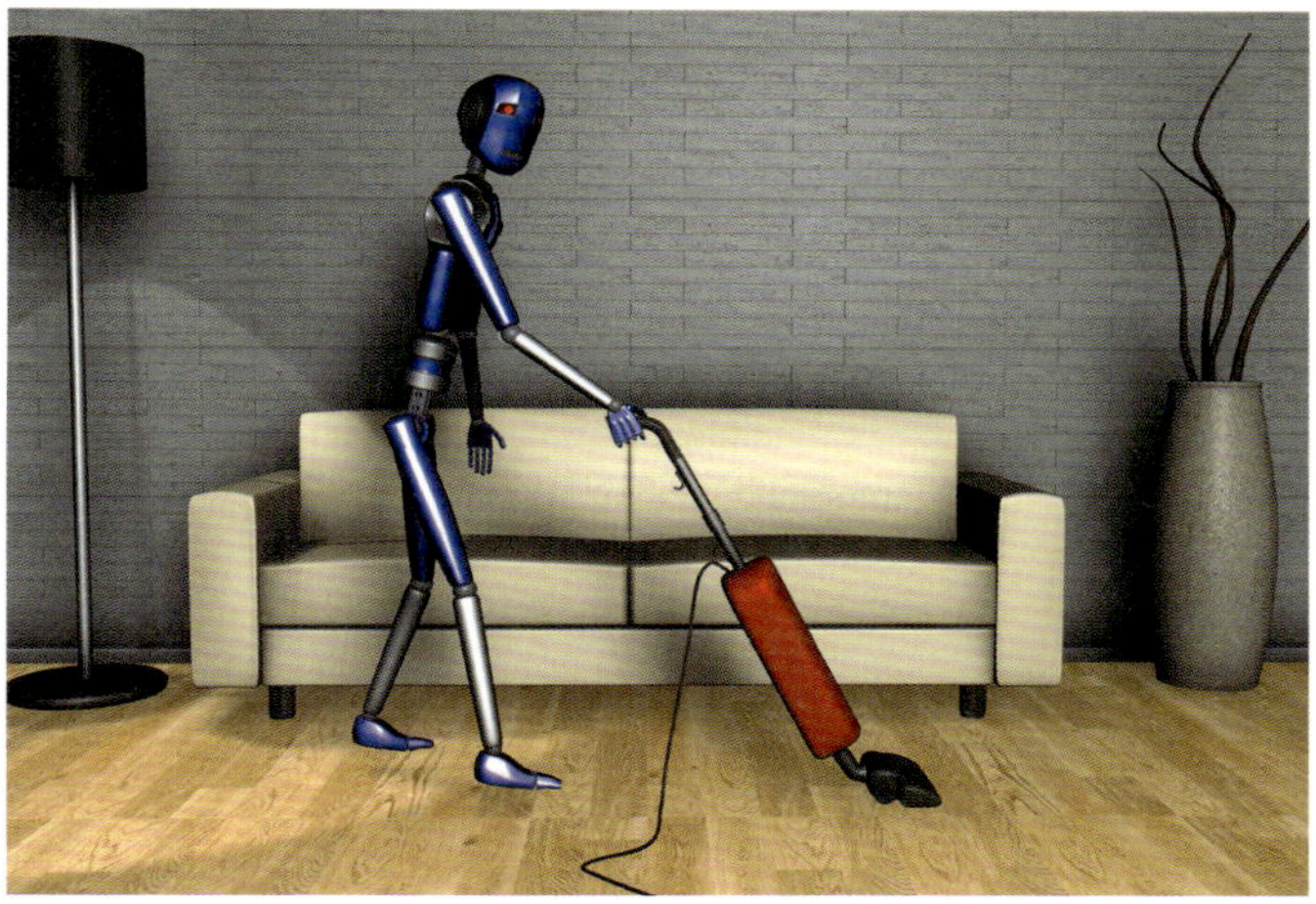

された時に一気に普及すると予想される。

設計図と3Dプリンターがあれば24時間以内に建設可能

設計図だけをもっていけば、その場で新築の家ができてしまうのが**3Dプリンターハウス**だ。

2～3人の施工担当者が3Dプリンターを設置すると、コンクリートで屋根や壁、柱がつくられる。その後、人の手でドアや窓、断熱材などを組み込んでいく。3Dプリンターの稼働時間はわずか24時間。あっという間に自宅が完成する。

日本では基礎工事の問題などがあり実現は難しそうだが、**2016年からロシアやアメリカで実用化が始まり、注目を浴びている。**

家事を代行するお手伝いロボットが2030年に登場!?

モノのインターネット化が加速している。遠い未来の話と思われていた生活が実現したのだ。

この先は**個々の製品がAI（人工知能）を装備し、よりハイテク化していく。**たとえば、その時にストックされている食材で何ができるかを瞬時に教えてくれる冷蔵庫や、荷物のラベルを読み込み、冷蔵が必要なら自動で温度調節してくれる宅配ボックスなどが2020年までに一般化する。

料理や掃除を代行してくれるお手伝いロボットも、登場が待たれるところだ。これは数年後とはいかなそうだが、30年には実現する。

2035年、新車の1/4が完全自動運転車に！一方、日本では2045年、リニア新幹線で東京～大阪が67分で結ばれる

運転手不要の時代が到来する

アメリカ・GMの「クルーズAV」。レベル5の完全自動運転車で、2019年までに公道走行を実現させようとしている。

写真：ロイター／アフロ

ステアリング　アクセル　ブレーキ　ドライバー

自動運転のレベル		内容	
1	ステアリング・ドライバー・ブレーキ・アクセル	ハンドル、アクセル、ブレーキのうち1つを支援する機能をもつ。	すでに実現
2	ドライバー・アクセル	ハンドル、アクセル、ブレーキのうち2つを支援する機能をもつ。	すでに実現
3	ドライバー	すべて自動化されており、緊急時のみ運転手が対応する。	すでに実現
4		限られた環境で運転手不要の高度な自動運転を行なう。	2020年
5		運転手不要の完全な自動運転を行なう。	2020年以降

2035年、世界の新車の4分の1が完全自動運転に！

自動運転機能を搭載したクルマが話題になって久しいが、ついに自動運転車の時代が到来する。

自動運転のレベルは5段階に分かれており、基本は自動運転で緊急時のみ運転手が対応する**レベル3まではすでに実現済み。**ドイツのアウディは2018年に世界初のレベル3機能のオプション発売を予定し、アメリカのテスラもアウディに負けじと近々発売するといわれている。

運転手を必要としないレベル4の**完全自動運転車**はドイツ勢が20年代前半、アメリカのフォードは21年の実用化を目指している。順調にいけば、35年には世界の新車の4分の1が完全自動運転車というSFのような未来が待っている。

日本のメーカーもレベル3の実現間近

日本はもう少し時間がかかりそうだ。現在、日産やホンダなど多くのメーカーがレベル3の実現を目指して技術開発を進めているが、実用化は2020年頃になるとみられている。**ホンダはレベル4については25年の実用化を宣言**した。

陸だけでなく空も!! 空飛ぶ車が2019年に販売開始

自動運転車よりさらにSFチックな空飛ぶ車の研究開発も進んでいる。空飛ぶ車は道路を走行す

空飛ぶ自動車は2019年に一般販売予定

テラフジア社の空飛ぶ自動車。2019年の実用化に向けて開発が進む。
写真：ロイター／アフロ

空飛ぶ車が実現すれば、交通渋滞でもイライラしない。

日本はリニアで世界をリード

JR東海のリニア中央新幹線は最高時速が約500㎞。2027年に東京～名古屋間で開業する。

NASAが超音速機を試験飛行予定

NASAの次世代型の超音速機は速いだけでなく、騒音を最小限に抑えるのが特徴だ。ロッキード・マーティン社とともに開発を進め、2020年頃の試験飛行を目指す。

るとともに、空を飛べる。離陸時に翼を開いて滑走路から飛び立つタイプと、ヘリコプターのように垂直の離着陸が可能なタイプがある。

アメリカのテラフジア社はTF－Xを2019年に一般販売し、**23年から垂直に離着陸できるタイプの実用化を予定している。**

2003年に消えた超音速旅客機がまもなく復活！

世界最速の旅客機といえば、マッハ2で飛行するコンコルドが有名だが、騒音や採算性の問題で2003年に運航中止となってしまった。しかし近年、空の便のスピード向上を目指し、複数の会社が超音速機の開発に乗り出している。

アメリカのブーム・テクノロジー社は20年代後半にマッハ2・2、連続飛行距離約8300㎞の超音速旅客機の開発を目指す。実現すれば**羽田からサンフランシスコまでを5時間半で運航できる。**

アメリカのNASA（航空宇宙局）は20年頃に超音速機の試験飛行を予定。音速を超えるだけでなく、騒音を最小限に抑える優れものだ。

鉄道大国の威信をかけてリニアに挑む

鉄道大国の日本は**リニア中央新幹線**の開発に尽力している。2027年には東京～名古屋間に世界初のリニア中央新幹線が開通し、**2045年には大阪までを67分で結ぶ。**

恋愛

2070年、AIロボットとのセックスが世界の常識になる!? 日本でも、バーチャル恋愛により、リアルの恋愛離れが進む！

AIとの恋愛にハマる人が続出

AI恋人の魅力

- 無視されることがなく、傷つくようなこともいわれない。
- 自分の都合のいい時だけ会話することができる。
- ときどき突拍子のない返事で驚かせてくれる。
- 微妙な噛み合わなさが面白い。

COLUMN　AI婚が一般化する？

2050年頃には人間とロボットの結婚が一般化する、との意見がある。実際、3Dプリンターで作製したロボットと結婚を考えているというフランス人女性がいる。今はまだ現実感がないが、一昔前まで同性婚など考えられなかったことを思えば、将来は意外とありうる話なのかもしれない。

AI恋人が日本の少子化を加速させる

２０１３年、スパイク・ジョーンズ監督によるアメリカ映画『ｈｅｒ／世界でひとつの彼女』が話題になった。ＡＩ（人工知能）型ＯＳのサマンサと、彼女に恋をした男性の恋愛を描いた物語である。

所詮《しょせん》フィクションだろう、ＡＩと人間の恋愛なんて……と思う人が多いに違いない。しかし近年では、ツイッターやラインのアプリでＡＩと会話したり疑似恋愛を楽しむ人が増えるなど、**バーチャル恋愛は次第に一般化しつつある**のだ。

ＡＩ恋人は自分の都合のいい時だけ会話することができるし、傷つくようなことをいわれる心配もない。そうした部分が、ナイーブな人々の心をひきつけるらしい。

現在、日本では若者の〝恋愛離れ〟が問題視されている。今後、ＡＩが進化してバーチャル恋愛が当たり前の時代になれば、日本の少子化はますます進むことになるだろう。

AI搭載のアンドロイドも恋愛離れを後押し

アンドロイドと恋愛する人も増えると予想される。大阪大学の石黒《いしぐろ》浩《ひろし》教授が２０１５年に開発したアンドロイド**エリカ**はＡＩを搭載しており、人間と会話をしているかのような受け答えをする。しかも、皮膚感も人間に近いのだ。

写真：Shutterstock/アフロ

2070年には人間とのセックスが原始的に感じられるように

サマンサは「家族モード」と「性行為モード」の切り替えができるニュータイプのセックスロボット。会話などで“その気”にさせないと性行為にもち込めず、それがかえってセックスを刺激的なものにしてくれる。

VRポルノも進化中

VRポルノはすでに普及しているが、今後さらに進化。数年後には視覚、聴覚だけでなく触覚までVRの世界に入っていけるようになる。

石黒教授は「1カ月も一緒に暮らせば絶対にエリカを好きになりますよ」と胸を張る。これもまた、恋愛離れの要因になりそうだ。

50年後、ロボットとのセックスが当たり前の時代に

人間とロボットが心を通わせたとして、性行為はどうするのだろうか。実は現在、各国でセックスロボットの開発が進められている。特に話題になっているのが、イギリスで開発された**サマンサ**だ。

サマンサはAIを搭載したセックスロボットだが、単に性行為をするだけではない。「家族モード」と「性行為モード」があり、家族モードで会話をするなどしてムードをつくらないと性行為モードに切り替わらない。強引にセックスにもち込むことができないからこそ、本当の恋愛をしているような気分になれるというわけである。

イギリス・サンダーランド大学のヘレン・ドリスコル博士は、「セックスロボットの品質は向上し続け、**2070年には生身のセックスが原始的に思われるようになる**」とさえ述べている。

VR（仮想現実）によるセックス体験も進化する。すでにVRでセックス映像を楽しむことができるようになっているが、**数年後には視覚、聴覚、そして触覚まで含めたVRセックス体験ができるようになる**といわれる。

現実の恋人はもはや必要ないのかもしれない。

2030年、宇宙旅行が大衆化！さらに海外旅行は、手続き、移動時間が短くなり、ストレスゼロに

地球旅行の未来形

スキャン可能なパスポートや生体認証による顔識別技術により、煩わしい通関手続きを一瞬にして済ますことができるように。

水中ホテルでバカンス

これは室内にいながらにして海底を眺めることができるドバイのウォーター・ディスカス・ホテル。こうしたSF映画のようなホテルが各地に登場する。

生体認証の普及により パスポートがいらなくなる！

未来の旅行は大きく様変わりする。国内か外国かではなく、地球内か宇宙かで迷うようになる。

目的地以外で最も大きく変わるのは、移動の方法だろう。飛行機での長時間移動はひじょうにストレスを感じるが、乗客の身体に合わせて形を変える形状記憶シートが登場する。LEDの色温度などで乗客の体内時計を調整し、時差ボケを軽減する照明システムもありがたい。これらは2020年半ばまでに実現するとみられている。

煩《わずら》わしい入出国・搭乗手続きも、かなりスピーディーになる。それを可能にするのがパスポートスキャンと生体認証による顔識別。パスポートをスキャンする技術はそう難しくないし、顔識別が実用化すればパスポート自体がいらなくなる。どちらも2020年代に実現し、搭乗手続きが1分足らずで済むようになるだろう。

水中にたたずむ豪華ホテルで バカンスを楽しもう

宿泊先はどうかというと、**リゾート地のホテルでは家電のネットワーク化が進む。**すでに導入しているホテルも少なくないが、2030年までにほとんどのホテルで導入される。

海底ホテルで熱帯魚を見ながらバカンスを楽しむといったことも珍しくなくなるだろう。U

宇宙ベンチャーによる宇宙旅行計画

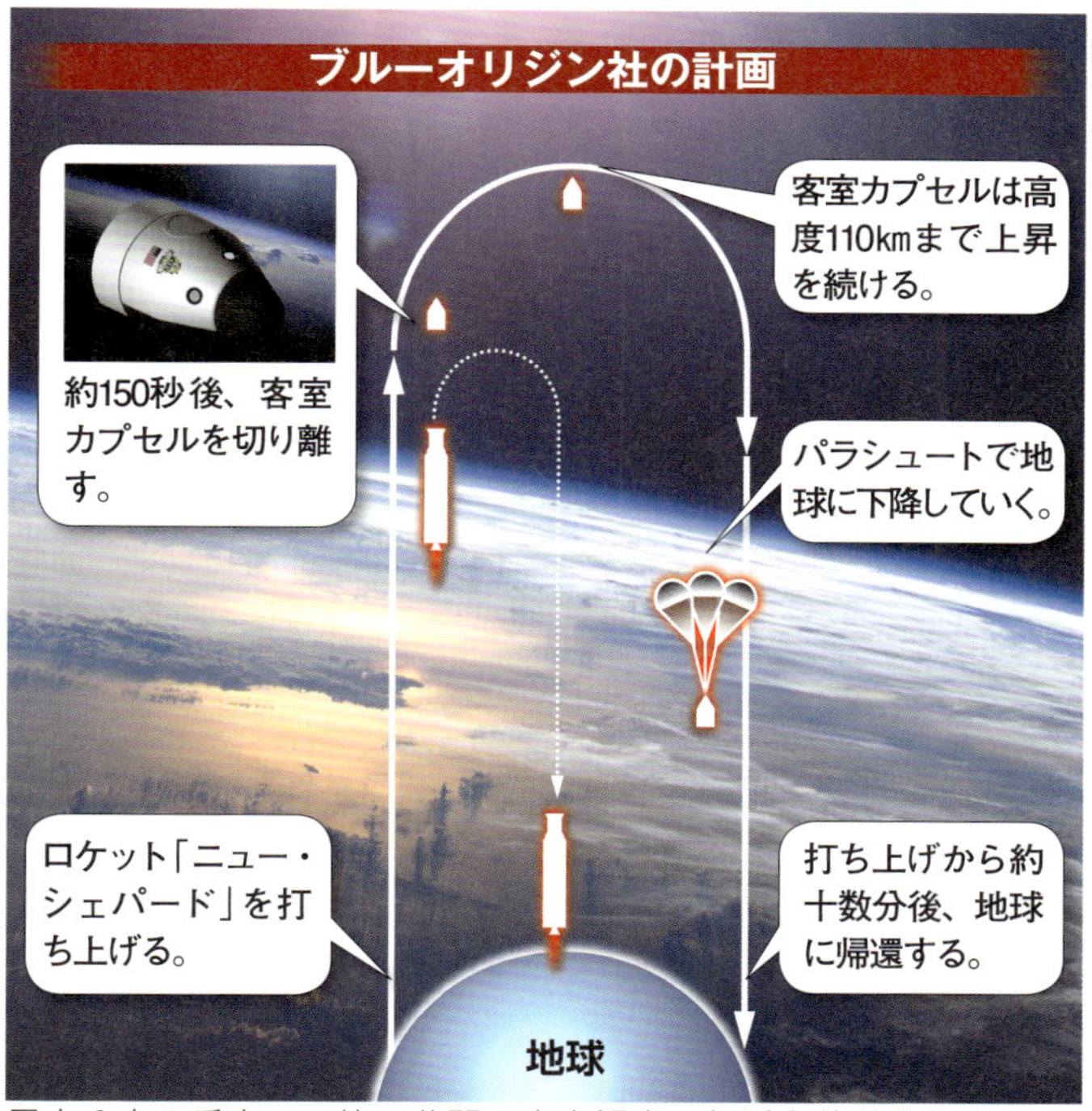
ブルーオリジン社の計画
客室カプセルは高度110kmまで上昇を続ける。
約150秒後、客室カプセルを切り離す。
パラシュートで地球に下降していく。
ロケット「ニュー・シェパード」を打ち上げる。
打ち上げから約十数分後、地球に帰還する。
地球
最大６人の乗客で、約４分間の宇宙観光、無重力体験を行なう。

スペースＸ社の計画
月面をかすめて飛行しながら月を周回する。
月
地球に向かって飛行を続ける。
２人の旅行客が乗った宇宙船「ドラゴンV2」を切り離す。
打ち上げから約１週間後に地球に帰還する。
大型ロケット「ファルコン・ヘビー」を打ち上げる。
地球
２人を乗せた宇宙船を打ち上げ、月との往復飛行を行なう。

COLUMN 瞬間移動が可能になるのは2080年？

瞬間移動は今のところはSF世界の出来事でしかない。しかし、技術の発達により2080年頃には実現する可能性があるといわれている。本当に実現すれば、どんな高速旅客機よりも頼もしい存在になるだろう。

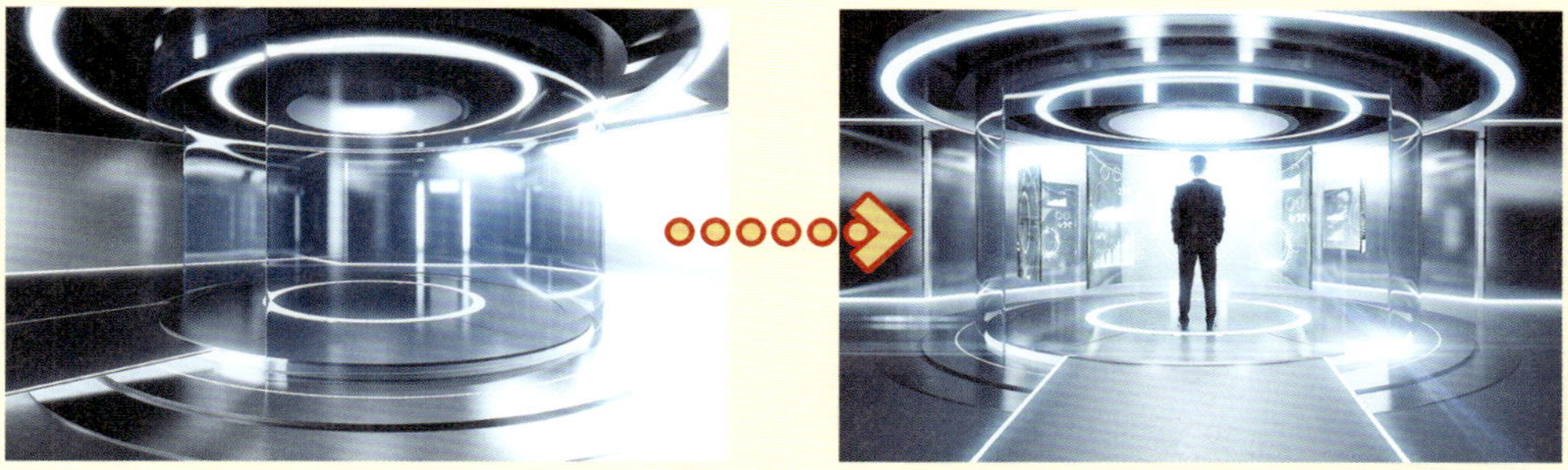

ＡＥ（アラブ首長国連邦）のドバイで建設が進む**ウォーター・ディスカス・ホテル**は、部屋にいながら海底を眺めることのできる水中ホテルで、海の新たな魅力が発見できる。フィジーでも同タイプのホテル建設が進んでいる。

２０３０年頃に宇宙旅行が大衆化

宇宙旅行もまもなく実現しそうだ。選び抜かれた宇宙飛行士ではなく、**一般の人が気軽に宇宙旅行に出かけられる時代がすぐそこまできている。**

イーロン・マスクが創業したアメリカのスペースＸ社は、世界一パワフルなロケット「ファルコン・ヘビー」で宇宙船を打ち上げ、月との往復飛行を計画中。２０１８年末に民間人２人が参加する予定になっている。アマゾン・ドット・コムのジェフ・ベゾスが率いるブルーオリジン社も、無重力を体験したり、宇宙の眺めを楽しんだりする宇宙観光を２０１９年までに実現すると発表した。

いずれもまだ実験段階だが、２０３０年頃には宇宙旅行が大衆化する見通しだ。

宇宙旅行専門の旅行代理店に数百人が申し込み済み

日本には宇宙旅行を扱っている旅行会社がある。日本初の宇宙旅行代理店となったのがスペーストラベル社で、**「準軌道宇宙旅行」「国際宇宙ステーションへの旅」「月旅行」「無重力フライト」**の４つを紹介。数百名が申し込みを済ませている。

メディア

AIが小説の執筆や音楽の作詞・作曲でヒットを生み出すようになる！映画では、中国やインドが台頭

映画の中心地はハリウッドからインド、ナイジェリアへ？

出典：UNESCO「世界の映画製作本数2015」

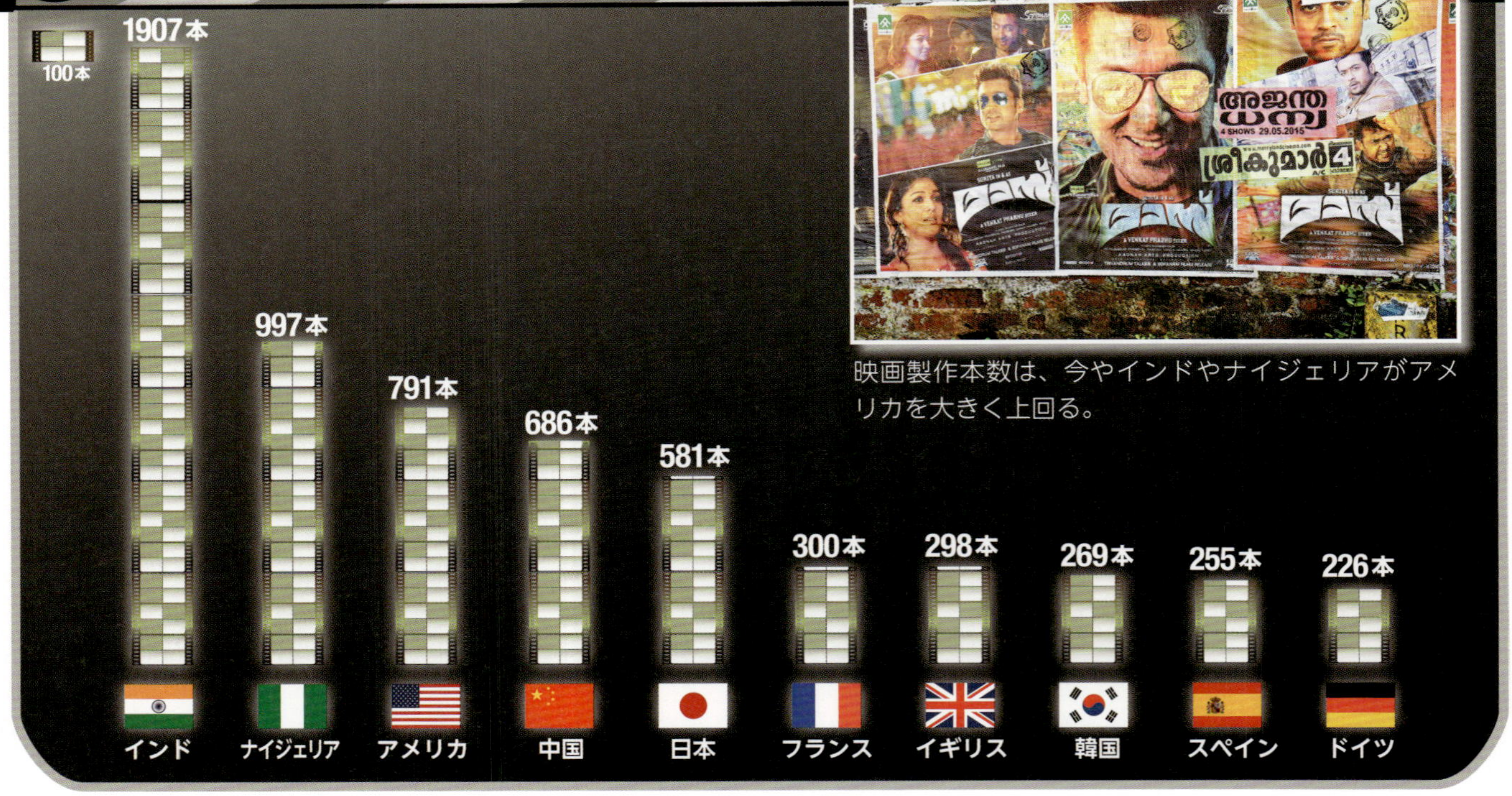

映画製作本数は、今やインドやナイジェリアがアメリカを大きく上回る。

ハリウッドは中国なしに成り立たず、存在感を低下させる!?

アメリカ映画はエンターテインメント性に優れ、世界中の人々を魅了し続けてきた。しかし、先行きが明るいとは必ずしもいえない。

その要因の1つが中国の存在だ。経済大国化した中国は、圧倒的な資本力でハリウッドの映画産業を次々に買収。ハリウッドとしても巨大市場を有する中国を無視できず、キャスティングやストーリーなどに関して〝中国びいき〟を加速させている。もはや**アメリカ映画は中国なしに成り立たない時代になっているのだ。**こうした傾向が続けば、アメリカ映画の衰退につながる可能性も否めない。

アメリカ以外で注目すべき映画大国はインド。2015年の映画製作本数ランキングをみると、インド映画は1907本でダントツのトップ。ムンバイで製作される**ボリウッド**映画は、華やかな歌やダンスが盛りだくさんで、世界中にファンをもつ。**インドの経済成長とともにインド映画にも熱いスポットライトが当たりそうだ。**

アフリカのナイジェリアも隠れた映画大国として知られている。ハリウッドのHをNに代えて**ノリウッド**と呼ばれ、アフリカの経済成長とともに台頭してきている。

YOSHIKI氏が語る AIと人間の作曲家が競う時代

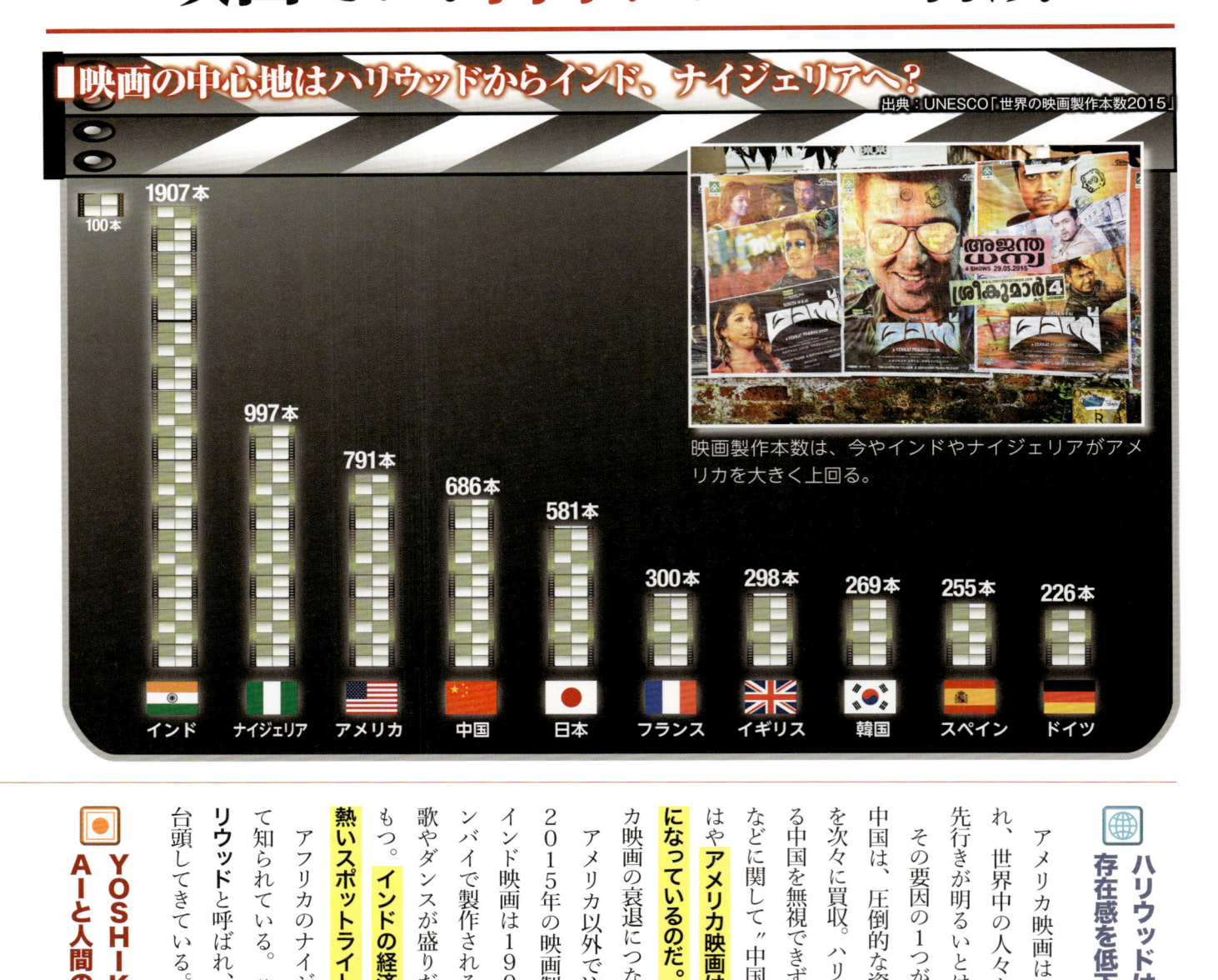

AIが人気小説家になる

AIは小説を書くこともできる。テーマや設定、単語、フレーズなどを用意してあげると、AIが文章を組み立てていく。将来は、AI小説家がノーベル文学賞を受賞するようなこともあるかもしれない。

AIが書いた文章『賢人降臨』
（第1章「若者」冒頭より）

若者もあり、あるいは才智逞《たくま》しゅうして役人となり商人となりて天下を動かす者もあり、あるいは智恵分別なくして生涯、飴《あめ》やおこし四文の銭も、己が職分の何ものたるを知らず、子をばよく生めどもその子を教うるの道を知らず、いわゆる恥も法も知らざる馬鹿者にて、その子孫繁盛すれば一国の益はなさずして、かえって害をなす者なきにあらず。

AI「零」に「若者」「学問を修め立身」「成功とは」といった5つのテーマを与えて執筆させたもの。　（©クエリーアイ株式会社）

AIがヒット曲をつくる

ヒット曲の分析

AIが過去に流行した曲を分析する。

曲の作製

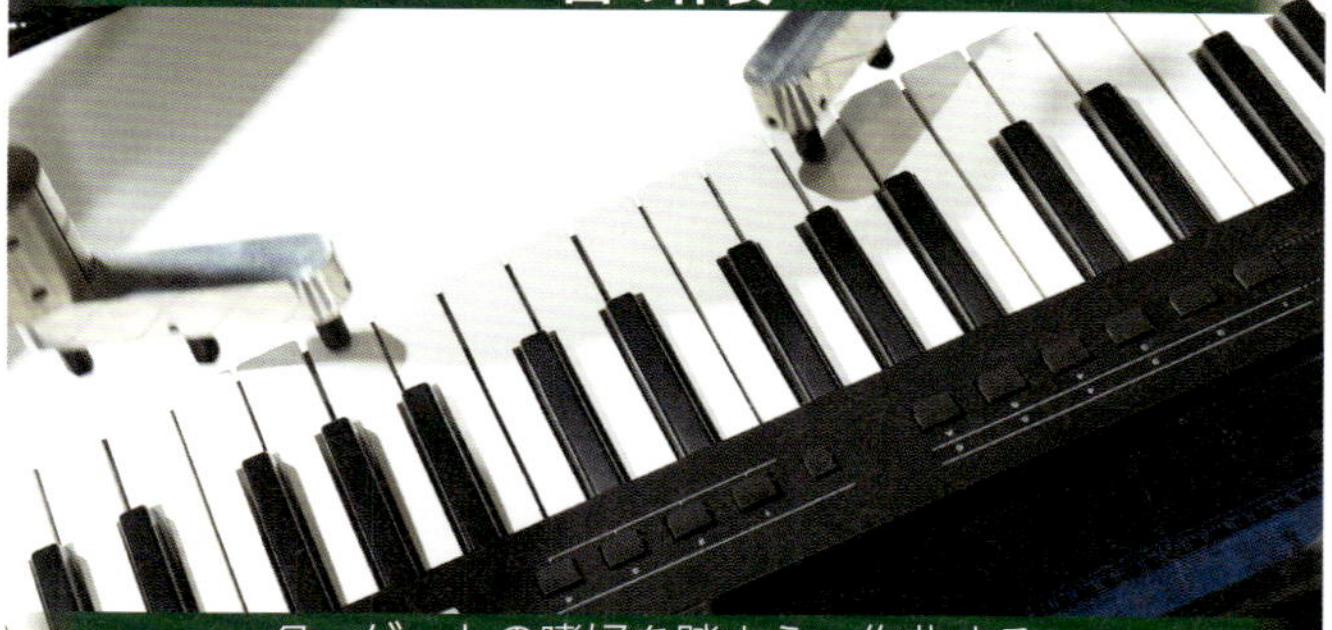

ターゲットの嗜好を踏まえ、作曲する。

演奏する

人間あるいはロボットが楽曲を披露。

音楽産業はAI（人工知能）主導で進む。従来、作詞・作曲は人間がするものだったが、**AIを活用してヒット曲を生み出す時代になるのだ。**日本のロックバンド、X JAPANのリーダーであるYOSHIKI氏も、「音楽は計算であり、データとして蓄積すれば必ずヒット曲は出てくる。10年後くらいにAIと人間の作曲家が競う時代がやってくる」といったことを述べている。

2030年にはAIが長編小説を書けるようになる

AIは作曲だけでなく小説も書く。人間がテーマや単語などを設定すると、文章を組み立てることができるのだ。**2016年にはAIが執筆した小説が星新一賞の一次審査を通過した**ことが話題になったが、現時点での完成度はそれほど高くない。

しかし、20年には800字程度、30年には長編小説が書けるようになるともいわれている。

デジタル化が進み、紙の新聞は2040年に消滅する

インターネットの普及やデジタル技術の進化、そしてスマートフォンの登場により、**活字メディアは瀕死の状態に陥っている。**

特に大きな影響を受けているのが新聞で、このままだと2040年頃には全世界から新聞が消えてなくなると予想されている。新聞は今や〝絶滅危惧種〟なのである。

COLUMN

ノストラダムスの予言には"その後"があった!?

予言詩1000編を残したノストラダムス。

1970年代、『ノストラダムスの大予言』（五島勉著、祥伝社）がベストセラーになった。ノストラダムスは16世紀フランスの医師・占星術師で、1555年に予言詩1000編を残した。その中に「1999年7の月、恐怖の大王が空からくるだろう　アンゴルモアの大王を甦らせるため　その前後、マルスは幸福の名のもとに支配するだろう」という有名な予言があったが、1999年は無事に終わり、世界は新世紀を迎えた。

現在では、もはや忘れ去られた感のあるノストラダムス。だがじつは、彼の予言は1999年以降も続いているという。

2001年9月11日、世界はアメリカ同時多発テロを経験した。この未曾有のテロ事件の予言が「空は燃える　45度で炎は近づく～」というもので、貿易センタービルに突っ込んだ飛行機が「恐怖の大王」の正体だと解釈する人がいる。

また、「平地に置き並べられた大釜は　酒と蜜と油の　炉から放射能漏れとなり、悪人どもが悪を告げず　水に没するであろう　爆発の煙を　七門の大砲よりも広大に噴きあげて」という予言を、2011年3月11日の東日本大震災にともなう福島原発事故だとする識者もいる。

一説によると、ノストラダムスの予言は3797年まで続いているらしい。彼はいったい何を予言しているのだろうか。

2001年のアメリカ同時多発テロや2011年の東日本大震災・福島原発事故は、ノストラダムスの予言の一部だったといわれている。

Chapter 5

地球環境はこう変わる！

2020

2020
- 世界で山火事の危険性が高まる

2022
- 野生のトラが絶滅する

2027
- 小惑星「1999AN10」が地球に接近する

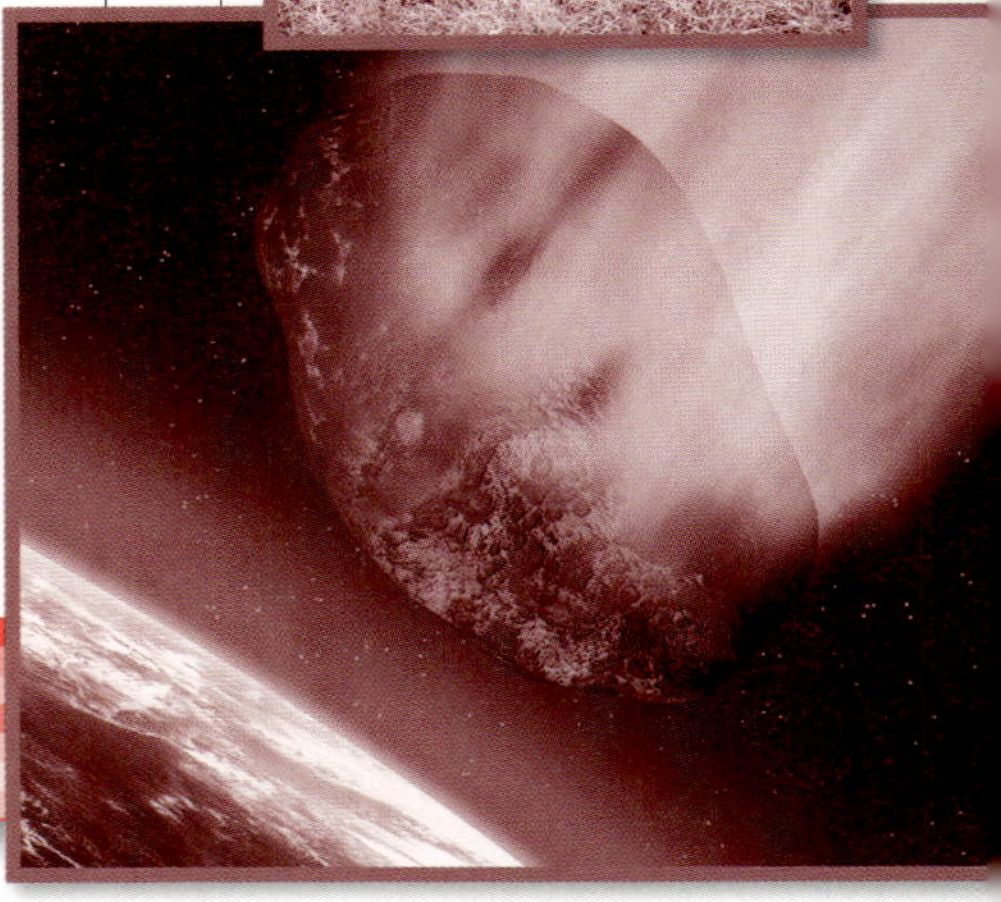

2030

2030
- 97%の確率で地球がミニ氷河期に突入する
- 世界の自然災害件数が1万5000件に増加。年間50万人が亡くなり、経済的損失は3400億ドルに達する
- ビッグデータを用いた地震発生シミュレーションが実用化される
- 火山噴火によって発生する津波や融雪災害を予測できるようになる

2032
- 中国・北朝鮮国境の白頭山がこの年までに99%の確率で噴火する

2033
- アフリカ最高峰として知られるキリマンジャロの氷河が消滅する

2040

2048
- 南海トラフでの巨大地震が、この年までに70～80%の確率で発生する

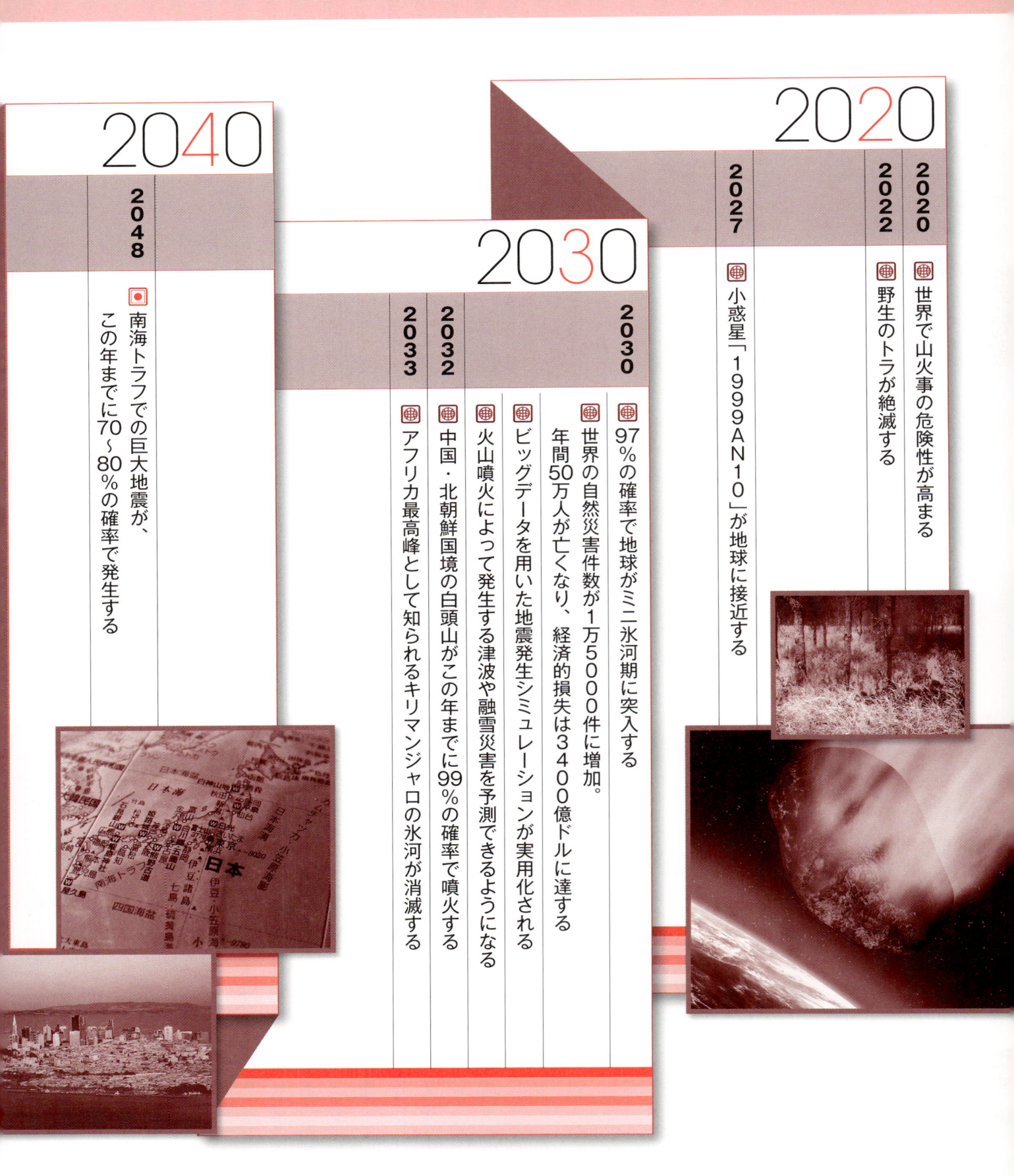

2050

2050

- 災害時に活躍する国際ロボット救助隊が結成される
- 北極圏の海氷がほぼなくなる
- 農業生産が減少し、52万9000人が食糧不足で死亡する。
- 日本でも食糧不足が深刻になり、7620人の死者が発生
- 世界30万種の植物の3分の1が絶滅の危機に瀕する
- 世界のトカゲの6%が絶滅する
- 世界の平均気温が約2℃上昇する

2060

2065

- 海水温の上昇などにより、ほとんどのサンゴ礁が消滅する

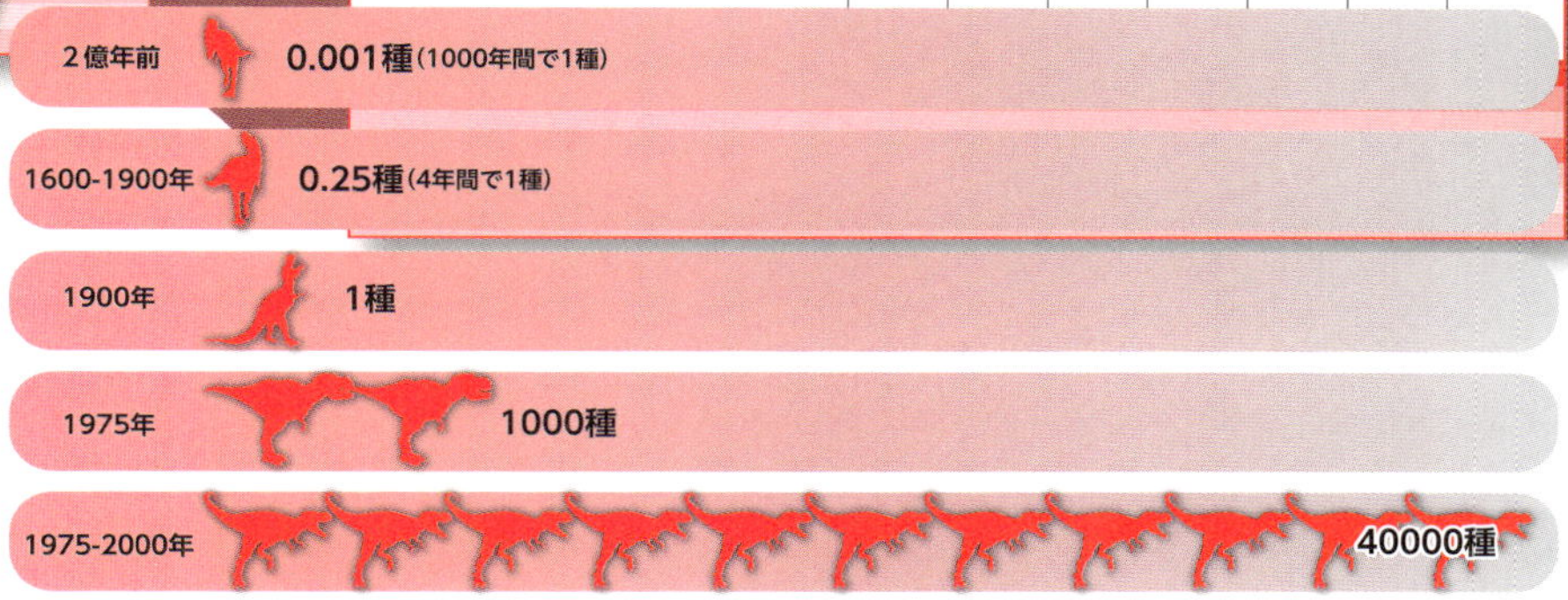

2億年前 0.001種（1000年間で1種）
1600-1900年 0.25種（4年間で1種）
1900年 1種
1975年 1000種
1975-2000年 40000種

2070

2070

- アメリカのトウモロコシの収穫量が最大50％、大豆の収穫量が最大40％減少する
- 中国のトウモロコシの収穫量が最大65％、大豆の収穫量が最大40％減少する
- 日本でコメの南北格差が生まれる
- 日本近海からサンゴが消滅する

2074

- 日本で風速80メートルのスーパー台風が増加する
- 鹿児島県のソメイヨシノが開花しなくなる
- アメリカのイエローストーンがこの年までに噴火する

2080

2080

- 世界の洪水被害者数が年間数百万人規模になる
- イギリスでオリーブ栽培が盛んになる
- ボルネオ島のオランウータンが絶滅の危機に直面する

2081

- 和歌山県のソメイヨシノが開花しなくなる

2085

- アフリカ原生の植物の25～42％が絶滅する

2090

2090

- オーストラリアの平均気温が2・8〜5・1℃上昇する

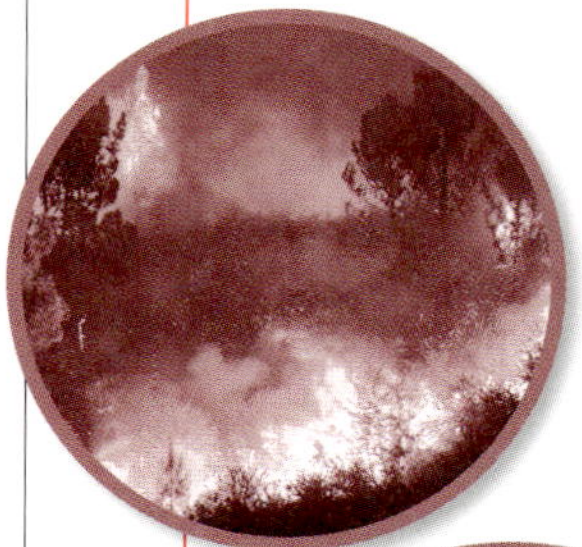

2100

2100

- 世界の平均気温が4・8℃上昇する
- 干ばつや洪水が深刻になる
- 日本の夏の日中の気温が40℃を超え、夜も30℃を下回る日が少なくなる
- 東京の年平均気温が21℃に達する（現在は約16℃）
- 日本の砂浜が最大85％消える
- 世界の落雷の発生件数が50％増加する
- アジア太平洋地域で年間降水量が最大50％増加する
- 日本の洪水被害額が年間最大4800億円にまで増加する

2109

- 東京都のソメイヨシノが開花しなくなる

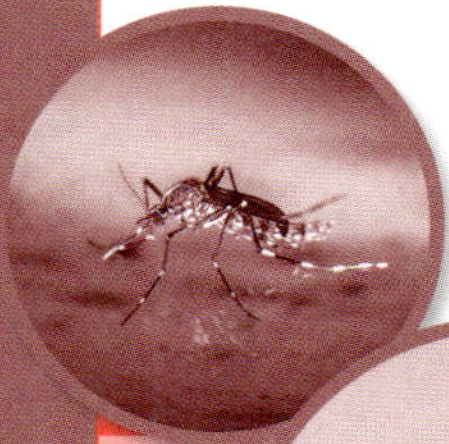

?

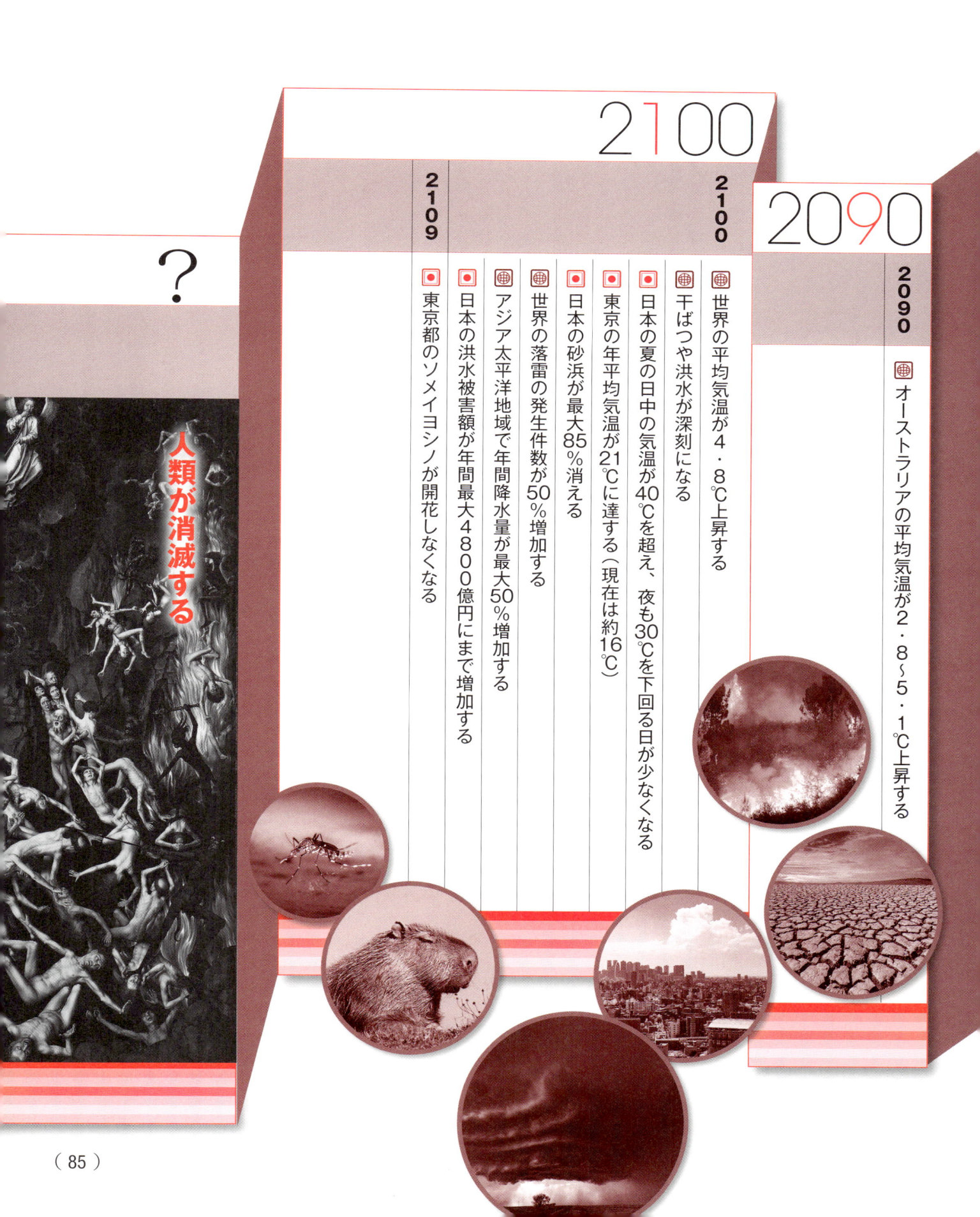

地球温暖化

2100年、日本は熱帯化し、台風やマラリアなどのリスクが高まる！一方、世界でも2050年までに北極圏の海氷が消滅!?

■2100年までに平均気温が最大4.8℃上昇する

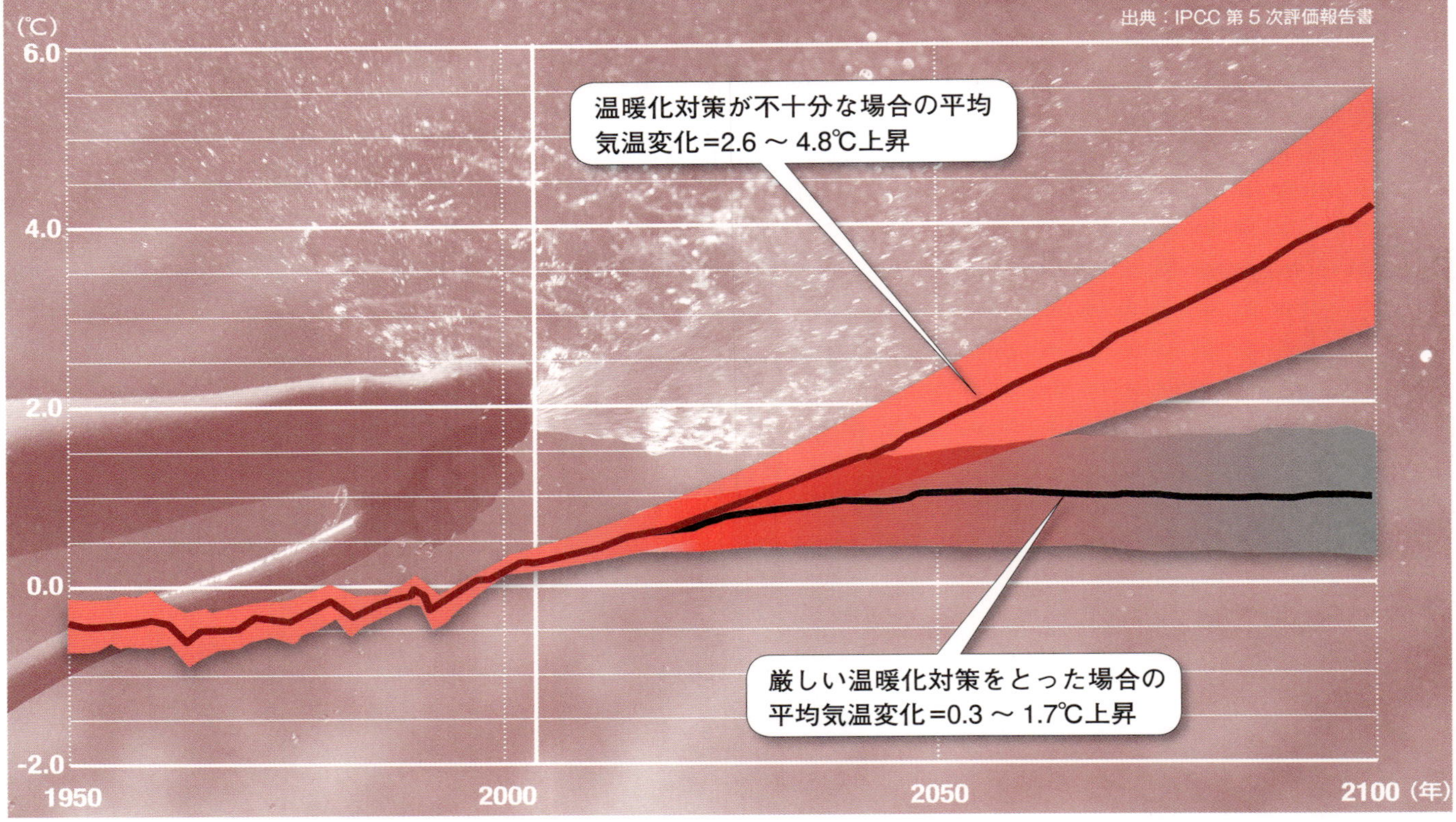
出典：IPCC 第5次評価報告書
（℃）
6.0
4.0
2.0
0.0
-2.0
1950
2000
2050
2100（年）
温暖化対策が不十分な場合の平均気温変化=2.6 ～ 4.8℃上昇
厳しい温暖化対策をとった場合の平均気温変化=0.3 ～ 1.7℃上昇

世界の平均気温は2100年に最大4・8℃も上昇！

地球温暖化の影響と思われる現象が顕在化してきた。1880年から2012年までの約130年間で、**世界の平均気温は0・85℃上昇した。**これを踏まえて今後の予測値をみると、驚くべき事実が判明する。十分な対策をとらなかった場合、2100年には最大4・8℃も上昇すると考えられているのだ。温暖化がいかに急激に進んでいるかがわかるだろう。

氷河がとけ、海面上昇……次々に水没していく南洋の島国

温暖化が進むと極地の氷河がとける。最悪のペースで進んだ場合、北極圏の海氷は2050年頃までにほぼなくなる。

そして海面水位の上昇が起こる。最悪の場合、2100年には世界平均で45~82㎝も上昇するとされ、ツバルやキリバスなど南太平洋の島国が水没。住民は移住をしいられる。**日本も他人事ではなく、砂浜の85%が消滅する**との予測がある。

陸上への影響も見逃せない。ハリケーンやサイクロンなどが巨大化し、家屋の損壊や洪水被害が深刻になる。山火事も増えるだろう。さらに干ばつが頻繁に発生。その結果、食糧生産が減り、食糧争奪戦が激化する。

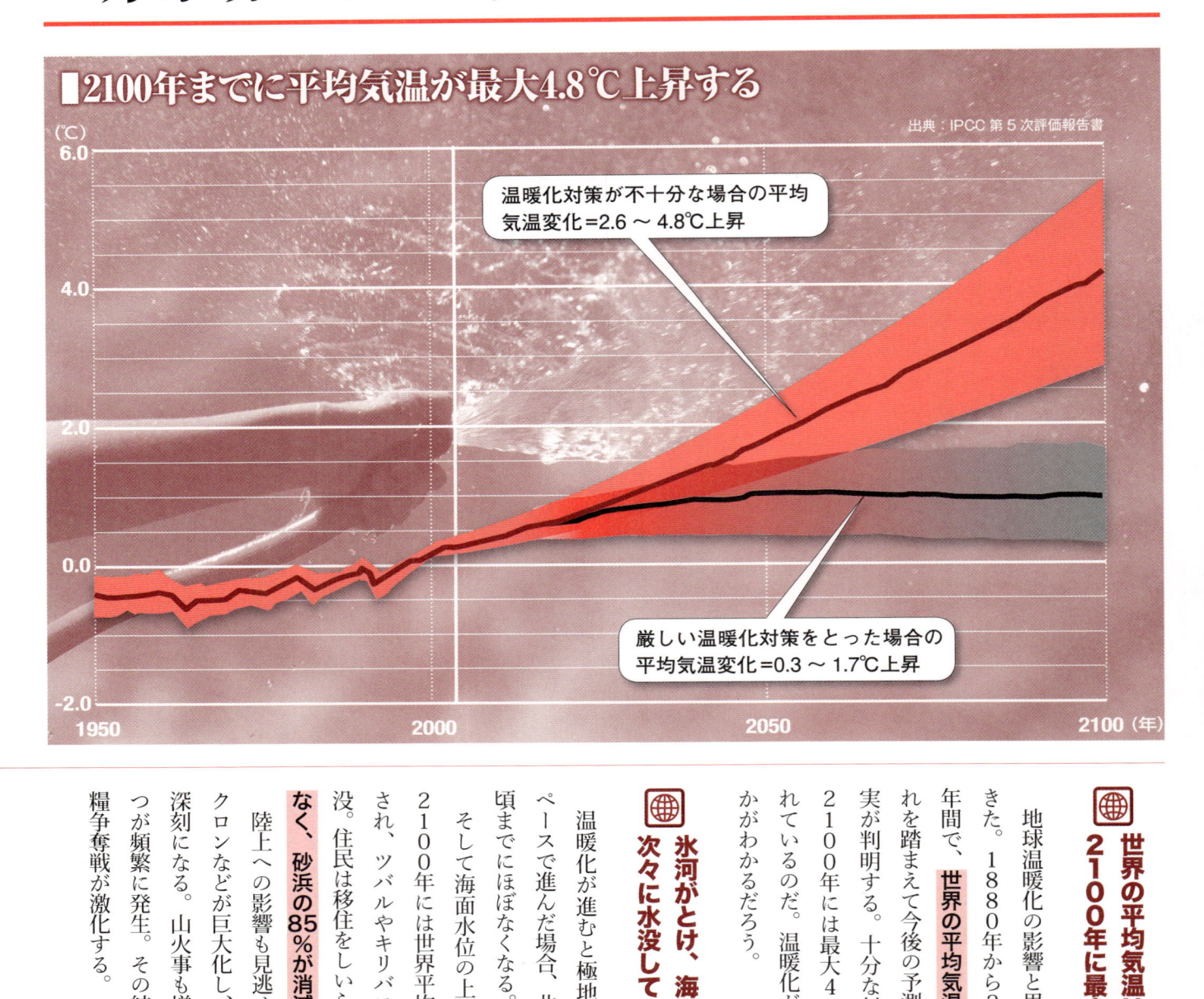

温暖化が進むとこんな悲劇が！

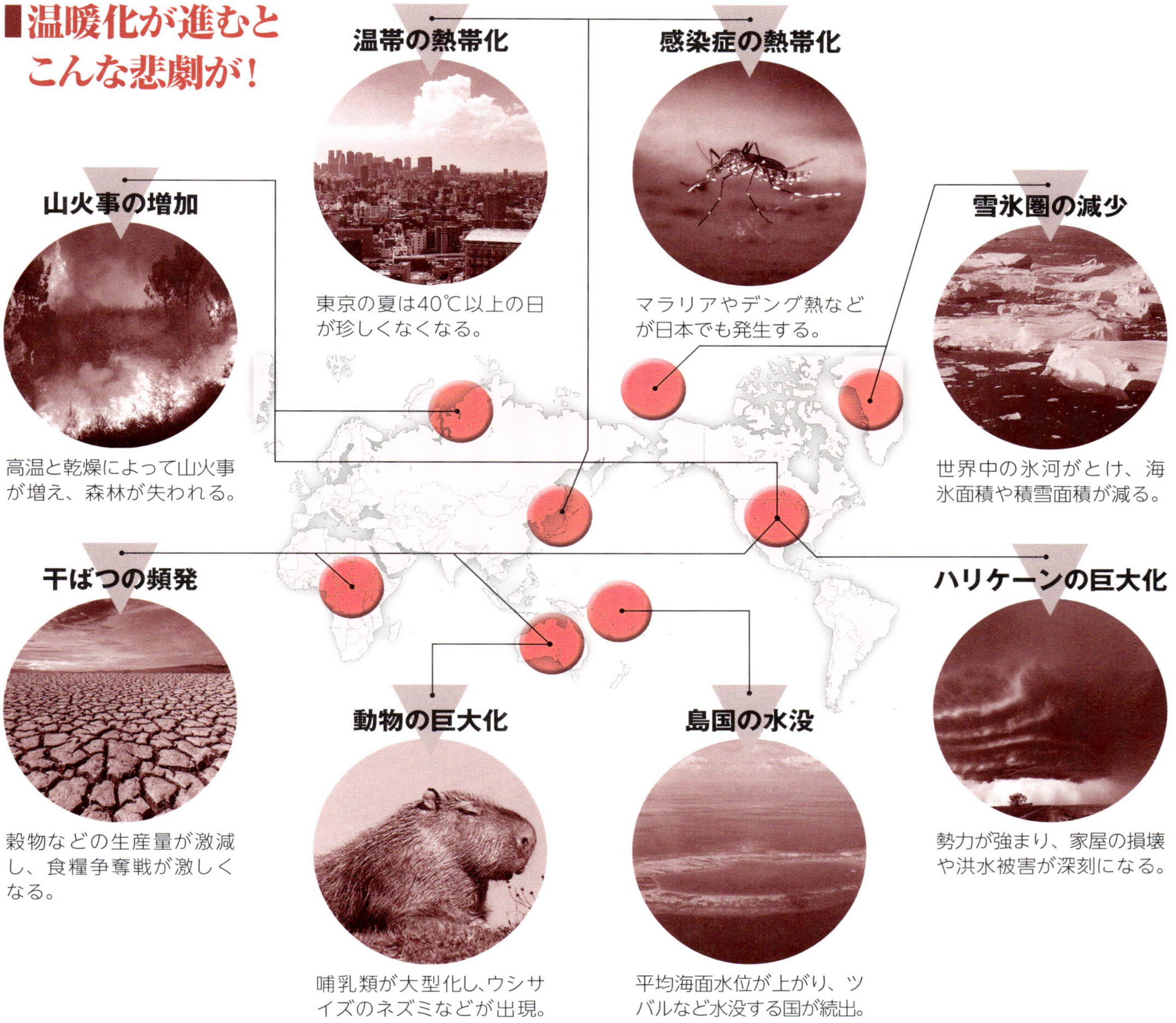
温帯の熱帯化
東京の夏は40℃以上の日が珍しくなくなる。
感染症の熱帯化
マラリアやデング熱などが日本でも発生する。
山火事の増加
高温と乾燥によって山火事が増え、森林が失われる。
雪氷圏の減少
世界中の氷河がとけ、海氷面積や積雪面積が減る。
干ばつの頻発
穀物などの生産量が激減し、食糧争奪戦が激しくなる。
ハリケーンの巨大化
勢力が強まり、家屋の損壊や洪水被害が深刻になる。
動物の巨大化
哺乳類が大型化し、ウシサイズのネズミなどが出現。
島国の水没
平均海面水位が上がり、ツバルなど水没する国が続出。

ウシサイズのネズミが出現!?

温暖化は生態系にも影響する。気温が上がると生物は生息に適した環境へ移動するが、それが間に合わなかったり、移動不可能である場合、数を大幅に減らしたり絶滅の危機にさらされる。移動先で人間に被害をもたらすこともある。

また、**生態系に空きができた結果、小型生物が大型化する**可能性を指摘する学者もいる。たとえば、ネズミがウシと同じくらいにまで巨大化することが考えられるという。

未来の気候をシミュレーション 熱帯化した日本で何が起こる?

日本では温暖化によって従来の季節感が一変する。ウェザーニュースのシミュレーションによると、最悪のペースで温暖化が進んだ場合、**2100年の東京の夏は昼間は40℃を超え、夜も30℃を下回る日が少ない熱帯の夏**になる。

高温のため東北地方以南の米の生産は低調になる一方、関東地方でバナナやパイナップルが栽培でき、日本の食物生産は大きく変わる。

懸念されるのは豪雨や台風の被害。海水温の上昇で海水の蒸発量や大気中の水蒸気が爆発的に増え、豪雨が発生しやすくなる。台風が大型化し、洪水や高潮、津波の危険性も高まる。さらに熱帯に生息していた蚊が移動してきて、マラリアやデング熱などの感染症を引き起こす怖れもある。

世界が終わる!? いつ起きてもおかしくないイエローストーンの噴火! 今後30年、70%の確率で発生する日本の南海トラフ地震

■自然災害リスクランキング

出典：国連大学「世界リスク報告書」

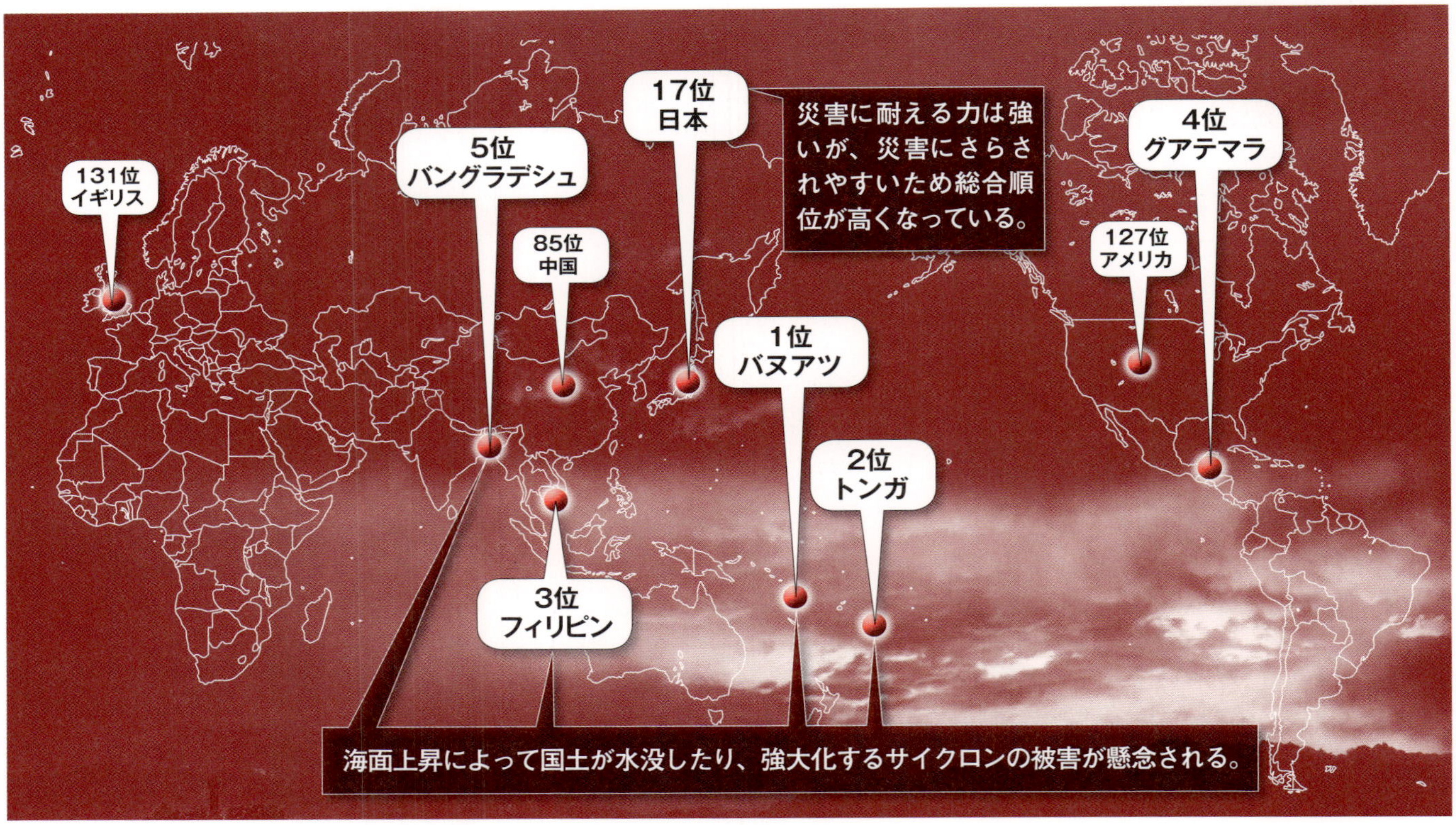
17位
日本
災害に耐える力は強いが、災害にさらされやすいため総合順位が高くなっている。
4位
グアテマラ
5位
バングラデシュ
131位
イギリス
85位
中国
127位
アメリカ
1位
バヌアツ
2位
トンガ
3位
フィリピン
海面上昇によって国土が水没したり、強大化するサイクロンの被害が懸念される。

誰もが被害者になる可能性…… 世界に散在するさまざまなリスク

地震、津波、火山噴火、台風、竜巻、洪水、海面上昇、山火事、干ばつ……地球で暮らしている以上、何かしら自然災害の危機にさらされる。

国連大学が発表した自然災害にさらされやすい国のランキングを見ると、1位のバヌアツや3位のフィリピン、5位のバングラデシュなどが上位に顔を出す。これらは**海面上昇で国土を失ったり、サイクロンによる被害拡大が懸念される国々だ。**欧米諸国は100位より下の国が多い。

しかし、こうしたランキングでは見逃されがちなリスクがたくさん存在することもたしかだ。

イエローストーンはアメリカどころか世界を終わらせる!

世界にはおよそ1500もの活火山がある。そのうち噴火した時の被害が大きいとされるものの代表格が、アメリカの**イエローストーン**だ。

過去、イエローストーンは約60万〜80万年周期で噴火を起こしている。前回の噴火からすでに64万年経っており、**もはやいつ噴火してもおかしくない。**地下には約500kmものマグマだまりが確認されており、もし噴火すればアメリカどころか世界が終わるといわれている。

スペイン・カナリア諸島の**ケンブレビエハ火山**も要注意の火山の1つ。前回の噴火の際、西側

これから起こりうる自然災害

地震

南海トラフ

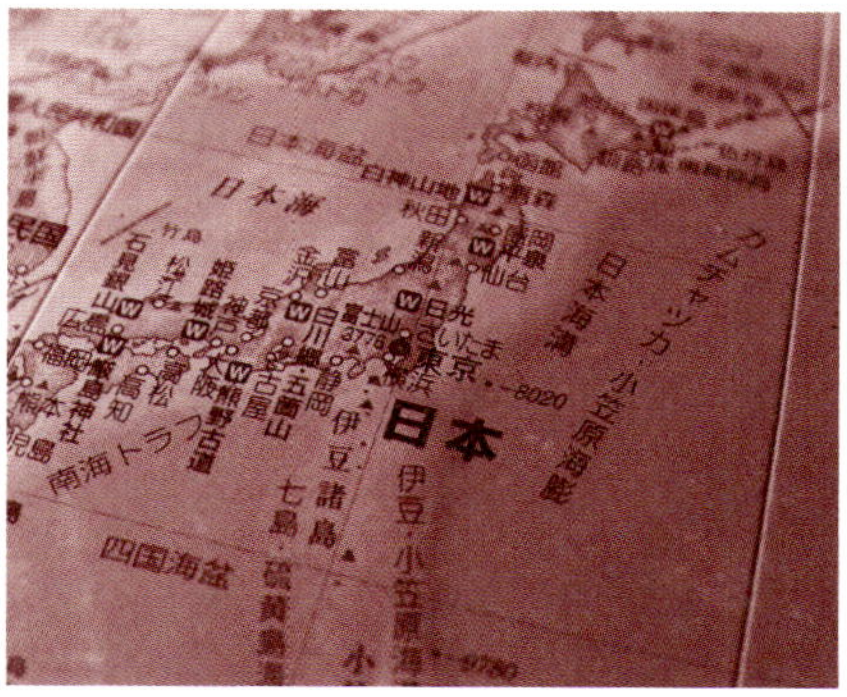

推定死者数33万人。今後30年の間に70～80％の確率で発生するといわれる。

カリフォルニア

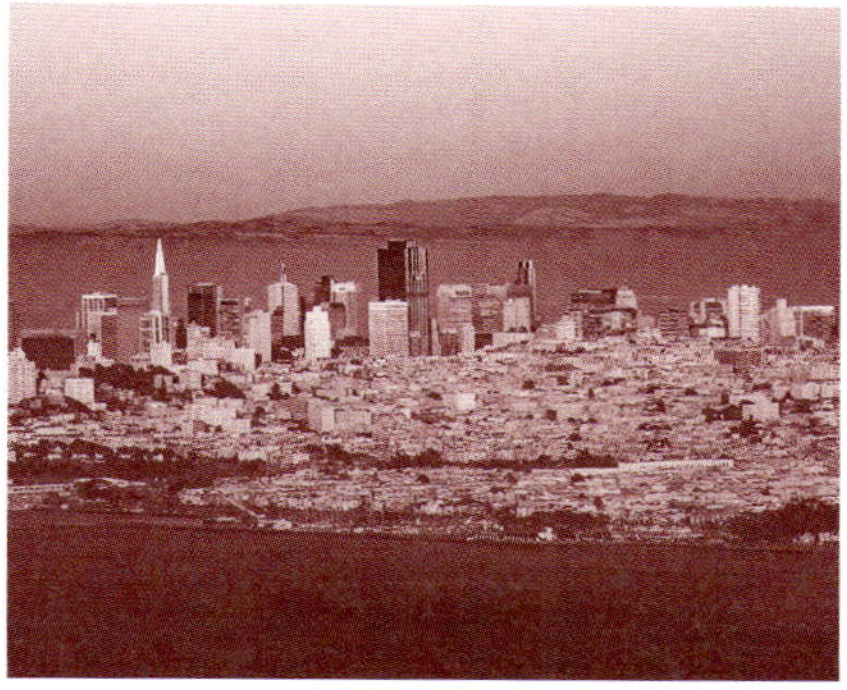

サンアドレアス断層を震源とする大地震が十数年以内に約30％の確率で発生とされる。

山火事

アメリカなど

温暖化による気温の上昇、乾燥化の進展などにより、大規模な山火事が増えている。

火山噴火

イエローストーン

地下約500kmにマグマだまりを確認。噴火すれば、世界が終わるといわれている。

富士山

300～400年周期で噴火。前回が1700年代だったことから近々噴火の可能性がある。

巨大隕石

全世界

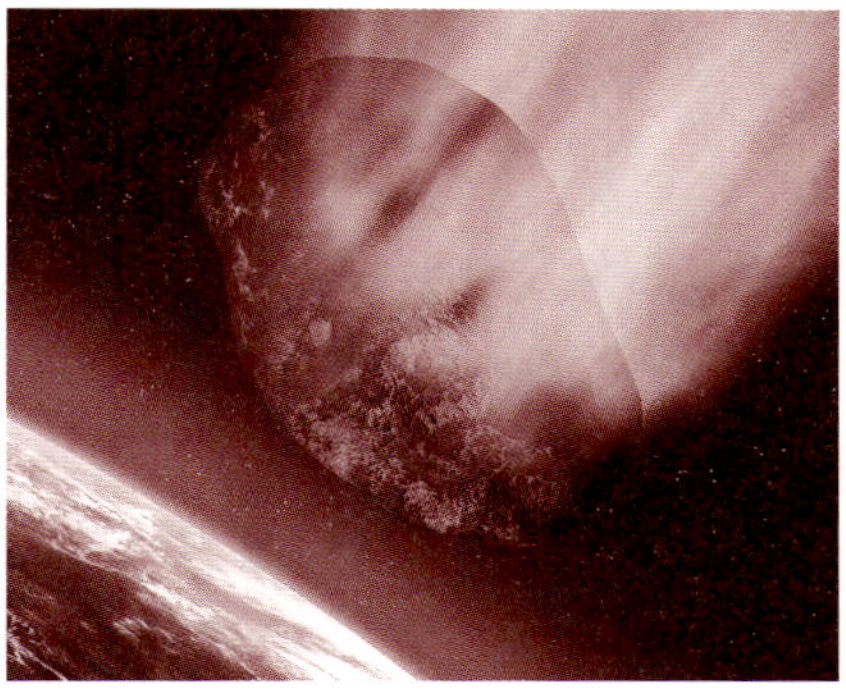

直径100m以上の隕石が衝突した場合、核爆弾並みの衝撃が地球を襲う。

の尾根に亀裂が入り不安定になったため、**今度噴火すれば大津波を引き起こす可能性が高い。**発生から数時間で巨大津波がフロリダに到達する。

地震も恐ろしい。たとえば、**アメリカ・カリフォルニアの大地震**だ。ここにはサンアドレアス断層があり、ここを震源とするマグニチュード6・5以上の地震が、**今後十数年のうちに30％くらいの確率で発生する**との説がある。

カリフォルニアといえば2017年に山火事で数十万人が避難する騒ぎになったが、山火事のリスクは世界各地で高まっている。温暖化による気温の上昇が原因の1つだ。大規模な山火事もこれから増えていくだろう。

南海トラフに加えて富士山も！日本を襲う地震と火山

日本は自然災害のリスクの高い国。特に地震のリスクが高い。今後30年の間に70～80％の確率で発生するとされるのが南海トラフ地震だ。静岡から宮崎に至る南海トラフ沿いのプレート境界を震源として起こり、死者33万人と推定されている。

また東日本大震災以降、活火山の地震活動が活発化し、火山噴火のリスクも高まっている。**富士山**はかつての火口付近での水噴火《みずふんか》や東斜面からの蒸気など噴火の予兆と思われる現象が目立つ。

もう1つ、鹿児島湾の**姶良《あいら》カルデラ**の噴火は富士山の比ではない。噴火すれば高温の火砕流と火山灰が生じ、日本列島の大半が壊滅する。

2030年、世界は**ミニ氷河期**に突入し、飢饉やパンデミックの危機!? 東京も**氷に閉ざされる！**

400年前にもミニ氷河期があった！

ミニ氷河期の影響で起こったとされること

テムズ川の凍結（イギリス）

河川や運河の水が完全に凍りつき、歩いて渡ることができた。

ペストの流行（ヨーロッパ）

エサを失ったネズミが街に現れ、感染の拡大につながった。

フランス革命（フランス）

小麦などの減収にともなう食糧不足が革命を後押しした。

江戸時代の飢饉（日本）

寒冷化の影響により各地で飢饉が多発した。

温暖化ではなかった!? 2030年、世界は氷河期に突入する！

2015年、イギリス・ノーザンブリア大学のバレンティーナ・ザーコバ教授らが衝撃の発表を行なった。世界は2030年に97%の確率で**ミニ氷河期**へと突入するというのである。

その根拠は太陽の活動にある。太陽内部の2つの層の磁気波の同期にズレが生じると、太陽の活動が停滞して地球の気温が下がるのだ。**左ページに示した近年の黒点数の減少が、太陽の活動の停滞を示しているとされる。**

すでに氷河期は始まっている？ 世界各地で異常気象が頻発

ミニ氷河期突入の兆候は世界各地でみられる。2017年6月、アメリカ・カリフォルニア州で気温が51・7℃に達し、イランでも観測史上最高となる53・7℃を記録した。一方、16年1月には砂漠が広がる中東のサウジアラビアで雪が降った。さらに16年9月、南洋の島国サモアで雹《ひょう》が降ったり、17年末から18年にかけて北半球各地で激しい寒波と大雪が記録されたり、17年夏にアメリカで何度もハリケーンが発生するなど、異常気象が頻発している。

このように**寒暖が極端になり、異常気象が連続するのはミニ氷河期の特徴**だといわれている。

黒点数の減少は、2030年からのミニ氷河期の予兆

出典：Hathway ／ NASA ／ ARC

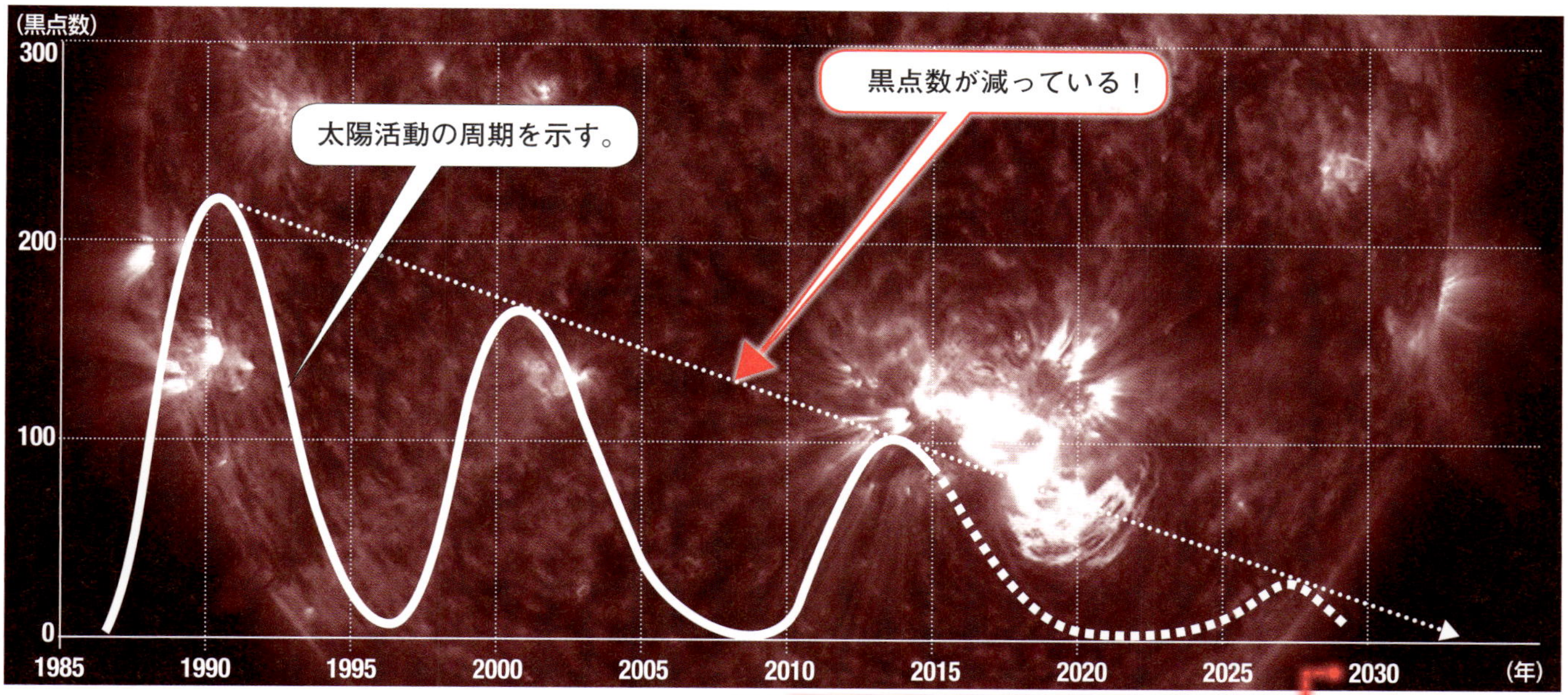
(黒点数)
300
200
100
0
1985
1990
1995
2000
2005
2010
2015
2020
2025
2030
(年)
太陽活動の周期を示す。
黒点数が減っている！

欧米の都市の多くが氷に覆われる。

アメリカは五大湖まで氷で覆われてしまう。

穀倉地帯の大部分で収穫減。飢饉が起こる。

北海道はシベリアのようなツンドラ地帯に。

日本は北海道まで氷河が押し寄せる。

じつは17〜18世紀にもミニ氷河期が到来していた

2030年以降にミニ氷河期が本格化した場合、世界はどうなるのか。これは過去の事例から、ある程度推測できる。じつは地球はこれまでに何度かミニ氷河期を経験しているからだ。

たとえば**1645〜1715年頃のミニ氷河期では、世界の平均気温が1・5℃下がった。**

ヨーロッパではイギリスのテムズ川が完全に凍結。アイスランドは周囲の海が氷に閉ざされ、貿易や漁業に大きな影響を受けた。また、ペストの流行やフランス革命の勃発《ぼっぱつ》についても、ミニ氷河期が影響していたという説がある。

アメリカではニューヨーク湾が凍りつき、スタッテン島まで歩いていけた。

2030年からのミニ氷河期でも、こうした事態になると予想される。

東京が氷漬けになる!?

ミニ氷河期が到来すれば当然、日本も大きな影響を受けることになる。先に述べた1645〜1715年頃のミニ氷河期の際、日本は江戸時代だった。当時、各地で飢饉が何度も起こったが、その原因は**ミニ氷河期の影響で農作物が不作になったこと**だったのである。

2030年からのミニ氷河期がひどければ、東京が氷に閉ざされるとの見方もある。

地球上6度目の大量絶滅が進行中！日本でも、天然のニホンウナギが消える⁉

これまでに起こった6回の大量絶滅

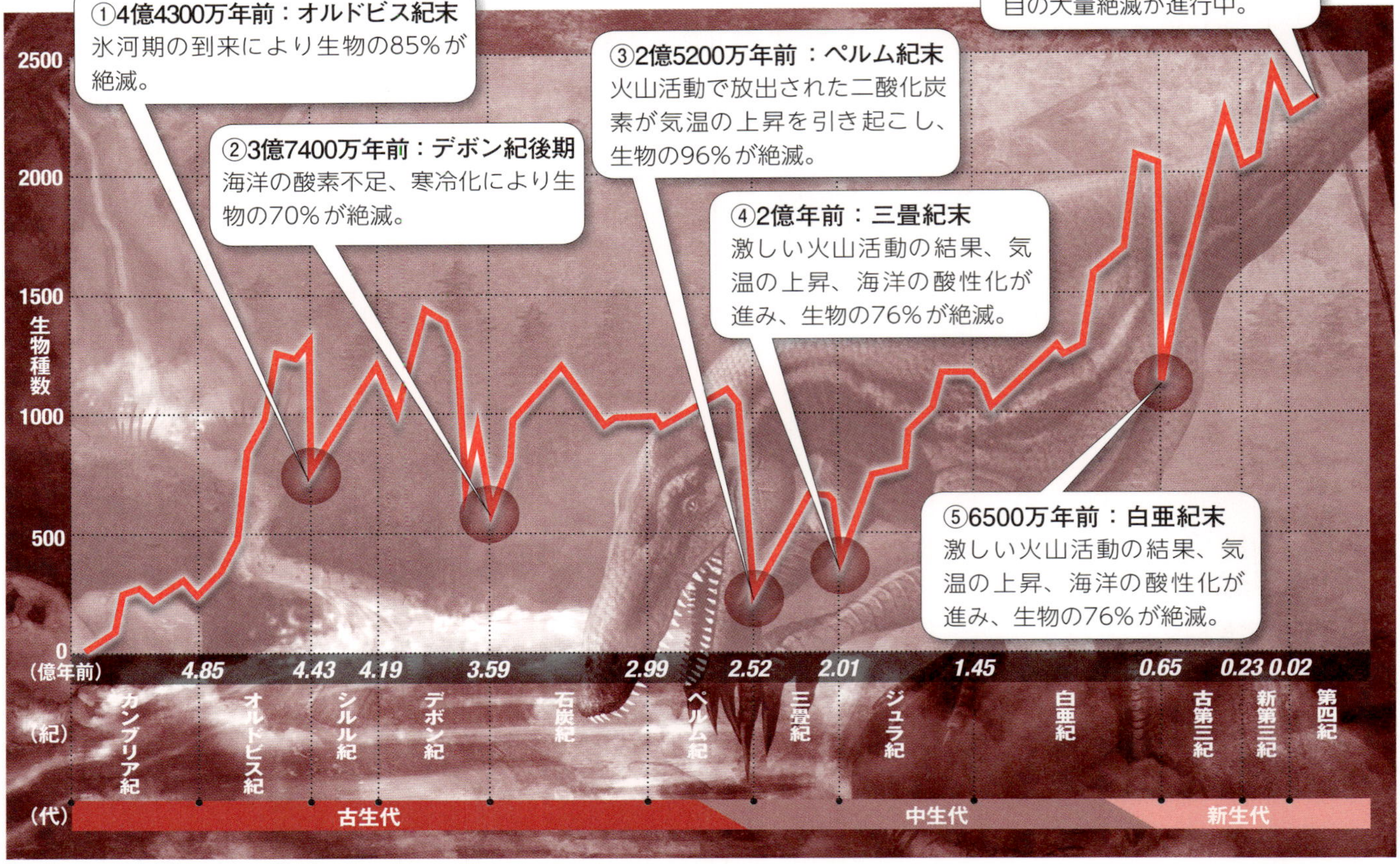

①4億4300万年前：オルドビス紀末
氷河期の到来により生物の85%が絶滅。
②3億7400万年前：デボン紀後期
海洋の酸素不足、寒冷化により生物の70%が絶滅。
③2億5200万年前：ペルム紀末
火山活動で放出された二酸化炭素が気温の上昇を引き起こし、生物の96%が絶滅。
④2億年前：三畳紀末
激しい火山活動の結果、気温の上昇、海洋の酸性化が進み、生物の76%が絶滅。
⑤6500万年前：白亜紀末
激しい火山活動の結果、気温の上昇、海洋の酸性化が進み、生物の76%が絶滅。
⑥現在：第四紀
人類による狩猟、生息域の破壊、温暖化などにより6回目の大量絶滅が進行中。
2500
2000
1500
1000
500
0
生物種数
（億年前）
4.85
4.43
4.19
3.59
2.99
2.52
2.01
1.45
0.65
0.23
0.02
（紀）
カンブリア紀
オルドビス紀
シルル紀
デボン紀
石炭紀
ペルム紀
三畳紀
ジュラ紀
白亜紀
古第三紀
新第三紀
第四紀
（代）
古生代
中生代
新生代

ライオンやジャガーも……2050年までに25%の生物が絶滅！

今現在、地球は6度目の大量絶滅期のさなかにある――。この事実を知ると、誰しも驚愕《きょうがく》するに違いない。じつは地球上では、短期間に多くの生物種が絶滅する大量絶滅が過去に何度も起こっており、そのうちオルドビス紀末、デボン紀後期、ペルム紀末、三畳紀末、白亜紀末の大量絶滅を**五大絶滅（ビッグファイブ）**と呼んでいる。**それに続く6度目が現在進行中の大量絶滅だ。**ひじょうに長いスパンで起こっているので実感しにくいが、恐竜がいた時代に1000年間で1種だけだった絶滅種が、今では1年間で4万種に激増している。絶滅のスピードが劇的に上がっていることがわかる。科学誌『ネイチャー』によると、このままのペースで絶滅が進めば、2050年までに地球上の生物870万種のうち25%もの生物種が絶滅してしまうという。

大量絶滅の最大の原因はわれわれ人間にあるとされる。二酸化炭素の増加、森林破壊といった産業活動にともなう環境破壊や、狩猟や外来種の持ち込みによる生態系の変化で絶滅のスピードが急加速しているといわれている。

すでに哺乳類の約20%、両生類の約30%が絶滅危惧種に指定されている。具体的にはクロサイやジャガー、ライオン、オランウータン（スマトラオランウータン）などだ。それらに加え、近い将

6回目の大量絶滅は猛スピードで進行中！

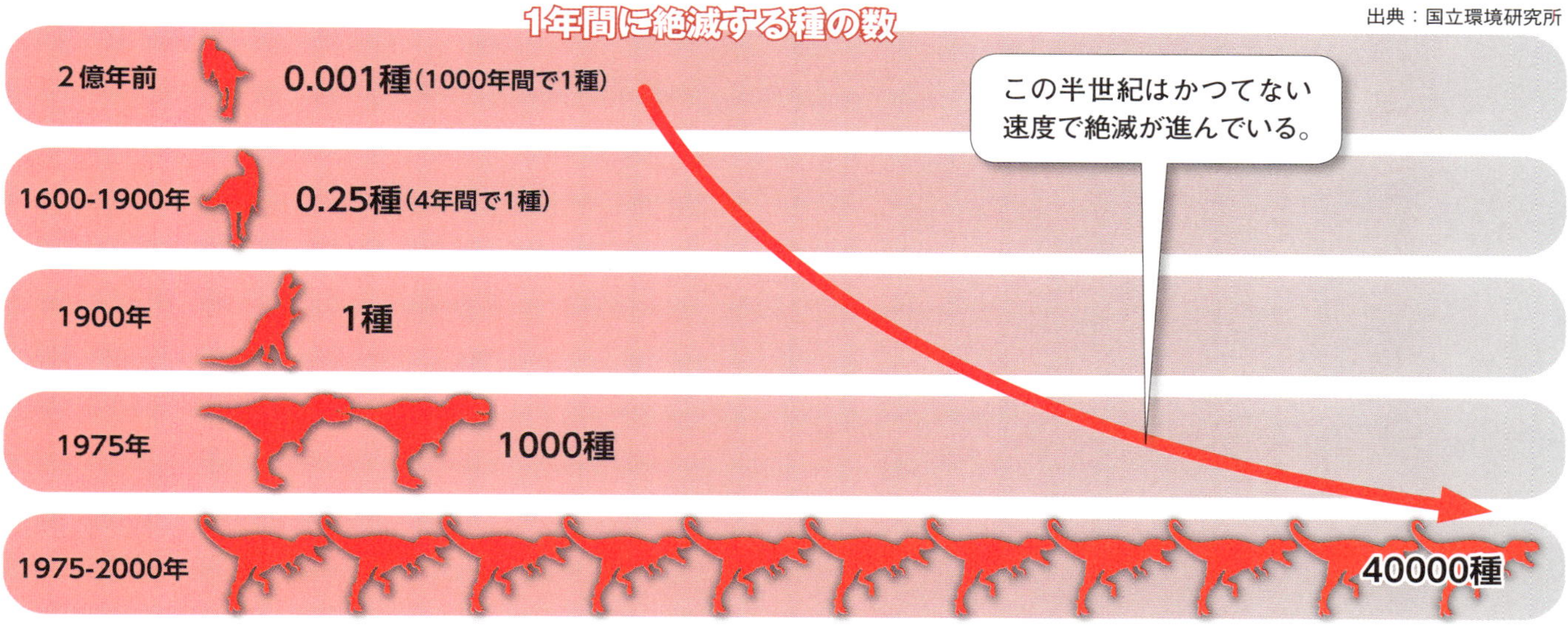
1年間に絶滅する種の数
出典：国立環境研究所
2億年前 0.001種(1000年間で1種)
1600-1900年 0.25種(4年間で1種)
1900年 1種
1975年 1000種
1975-2000年 40000種
この半世紀はかつてない速度で絶滅が進んでいる。

まもなく絶滅しそうな生物たち

クロサイ
ジャガー
ライオン
オランウータン
ラッコ
ツキノワグマ
アホウドリ
ニホンウナギ

来、**絶滅危惧種になると予想される生物が哺乳類で49%、鳥類で77・7%に達する。**

また、アマゾンの熱帯雨林などには人間が存在を把握していない生物が数多く生息しており、最後まで発見されることなく消えている。

絶滅危惧種のニホンウナギを食べ続ける日本人

日本にも絶滅危惧種に認定されている生物がたくさんいる。クロマグロ、アホウドリ、エゾオコジョなどは毛皮や羽毛をとったり、食用にするために乱獲された。ツキノワグマ、エゾシマリス、オオワシ、イシカワガエル、アオウミガメ、イボヤモリ、イリオモテヤマネコ、オキナワトゲネズミ、シマフクロウなどは乱獲のほか、森林伐採や河川汚染などですみかが失われて危機に瀕《ひん》している。

さらに、**話題のニホンウナギも絶滅危惧種。**現在出回っているニホンウナギの大半は養殖もので、天然ものの稚魚がとれなくなっている。

栄枯盛衰の理…… 人類も数百～数千年の間に絶滅か!?

じつは、絶滅危機に瀕しているのは人間も同じである。

現在は人口増加が進んでいるが、やがて落ち着き、減少期に入る。そして**数百～数千年の間に絶滅する**というのだ。地球の歴史からみると、人類も大勢の種の中の1つにすぎないようである。

おわりに

地球環境の激変、少子高齢化、ＡＩ（人工知能）導入にともなう失業者の増加など、未来にはさまざまな不安がつきまとう。未来への夢も希望もありはしない、と嘆く人もいるだろう。

確かに、楽観視しすぎるのは禁物かもしれない。世界を取り巻く状況はさまざまな分野で大きく変わりつつあり、私たちはその変化に対応していかなければならない。それは決して簡単なことではないはずだ。

しかし、望みを失う必要はない。明るい未来もきっとある。科学技術の進歩により、かつてＳＦ小説や映画で描かれていた世界が次々と実現していく。不治の病も多くは治療できるようになる。今では想像し得ない世界が開ける可能性もあるだろう。

不安を抱きつつも、希望に満ちた未来を思い描き、今という時を生きていこうではないか。

【書籍】

『未来の年表』 河合雅司（講談社）
『2030年世界はこう変わる』 米国国家情報会議編（講談社）
『クラウドの未来』 小池良次（講談社）
『人類と地球の大問題』 丹羽宇一郎（PHP研究所）
『2035年の世界』 高城剛（PHP研究所）
『別冊日経サイエンス 先端医療の挑戦』 中西真人編（日本経済新聞出版社）
『人類危機』 日経サイエンス編集部編（日本経済新聞出版社）
『2052 今後40年のグローバル予測』 ヨルゲン・ランダース（日経BP社）
『新ビジョン2050』 小宮山宏・山田興一（日経BP社）
『2050年の世界』 英『エコノミスト』編集部（文藝春秋）
『データでわかる2030年の日本』 三浦展（洋泉社）
『2050年衝撃の未来予想』 苫米地英人（TAC出版）
『2030年ジャック・アタリの未来予測』 ジャック・アタリ（プレジデント社）
『最新人工知能がよ～くわかる本』 神崎洋治（秀和システム）
『2050 近未来シミュレーション 日本復活』 クライド・プレストウィッツ（東洋経済新報社）
『21世紀の戦争テクノロジー』 エヴァレット・カール・ドルマン（河出書房新社）
『宇宙開発戦争』 ヘレン・カルディコット（作品社）
『Newton別冊 注目のスーパーマテリアル』（ニュートンプレス）
『ドローンが拓く未来の空』 鈴木真二（化学同人）
『勃発！エネルギー資源争奪戦』 ダイヤモンド社編（ダイヤモンド社）
『異常気象と地球温暖化』 鬼頭昭雄（岩波書店）

【新聞・雑誌】

朝日新聞
読売新聞
産経新聞
毎日新聞
日本経済新聞
東京新聞
「ニューズウィーク日本版」
「週刊東洋経済」
「週刊ダイヤモンド」
「週刊現代」
「SAPIO」

【ウェブサイト】

AFPBB News
CNN
ロイター通信
時事ドットコム
マイナビニュース
THE PAGE
ダイヤモンド・オンライン
日経ビジネスオンライン
博報堂「未来年表」
現代ビジネス

●著者紹介
世界博学倶楽部（せかいはくがくくらぶ）
歴史・地理や文化・情報、そして暮らしの知恵まで幅広く調査・研究し、発表することを目的とした集団。守備範囲の広さもさることながら、通説にとらわれず、さまざまな見地から考察を加えることにも定評がある。おもな著書に、『「天使」と「悪魔」の秘密』『［図解］世界の海賊がよくわかる本』（以上、PHP研究所）、『日本と世界の実力がわかる資源の本』『都市伝説王』（以上、PHP文庫）などがある。

装　丁：一瀬錠二（Art of NOISE）
カバー写真：iStock.com/posteriori
iStock.com/3alexd
iStock.com/da_photos
iStock.com/chombosan
photolibrary、fotolia、shutterstock
本文デザイン・DTP：小野寺勝弘（gmdesigning）
本文イラスト：山寺わかな
本文写真：アフロ、fotolia、pixta、shutterstock

超ビジュアル
日本&世界の未来年表

2018年5月7日　第1版第1刷発行

著　者　世界博学倶楽部
発行者　後藤淳一
発行所　株式会社 PHP 研究所
東京本部　〒135-8137　江東区豊洲 5-6-52
CVS 制作部　☎ 03-3520-9658（編集）
普及部　☎ 03-3520-9630（販売）
京都本部　〒601-8411　京都市南区西九条北ノ内町 11
PHP INTERFACE　https://www.php.co.jp/
印刷所　大日本印刷株式会社
製本所　東京美術紙工協業組合

 ISBN978-4-569-83795-6